Samsung Galaxy Smartphone Tipps und Tricks für Dummies

Steuerung des Bildschirms

Dies sind die gängigen Gesten zum Bedienen des Bildschirms:

Bezeichnung	Geste	Auswirkung
Tippen	Tippen Sie auf Elemente.	Damit öffnen Sie Apps, Menüs etc.
Wischen	Wischen Sie auf dem Start- oder auf dem Apps-Bildschirm nach rechts oder links.	Damit zeigen Sie weitere Seiten an.
Fingerspreizbewegung	Spreizen Sie zwei Finger oder führen Sie sie zusammen.	Damit vergrößern/verkleinern Sie einen Bereich auf einer Webseite, einer Karte oder einem Bild.
Ziehen	Halten Sie ein Element gedrückt und ziehen Sie.	Damit ziehen Sie das Element an eine andere Position.
Doppeltipp	Tippen Sie doppelt auf ein Element.	Sie vergrößern einen Bereich auf einer Webseite oder einem Bild.

Der Touchscreen lässt sich auch ohne Berührung steuern. In der Tabelle finden Sie eine Auswahl (für die einzelnen Bewegungen müssen – auf dem S4 – die Optionen GESTEN, BEWEGUNG UND BEWEGUNG DER HANDFLÄCHE aktiviert sein, zu erreichen über den Punkt BEWEGUNGEN UND GESTEN).

Bezeichnung	Geste	Auswirkung
Quick Check	Streifen Sie mit der Handfläche oder zwei Fingern über den Sensor oben am Gerät.	Damit werden im Standby-Modus die wichtigsten Informationen angezeigt.
Air Browse	Wischen Sie mit der Hand nach links oder rechts durch Elemente, die aktuell auf dem Bildschirm angezeigt werden.	Mit dieser Geste scrollen Sie durch die angezeigten Elemente.

Samsung Galaxy Smartphone Tipps und Tricks für Dummies

Bezeichnung	Geste	Auswirkung
Direktanruf	Nehmen Sie das Handy und halten Sie es an Ihr Ohr.	Sie starten einen Anruf an den aktuell angezeigten Kontakt.
Stumm/ Anhalten	Drehen Sie das Gerät um.	Sie halten eingehende Anrufe und Töne an.
Smart Scroll	Je nach Einstellung neigen Sie den Kopf oder das Gerät.	Sie scrollen durch Internetseiten oder Texte.

Benachrichtigungssymbole

Dies sind gängige Benachrichtigungssymbole, die Sie oben am Rand des Smartphones finden.

Symbol	Bedeutung
	Es gibt neue E-Mails.
	Daten-Roaming. Die Datenverbindung wurde unterbrochen.
	Bluetooth ist eingeschaltet.
	Der WLAN-Adapter ist eingeschaltet.
	Die Signalstärke der Verbindung. Das R (Telefon-Roaming) bedeutet, dass in diesem Fall in einem fremden Netz telefoniert wird.
	Der Akkustand.

Christine Peyton
unter Mitarbeit von Olaf Altenhof

Samsung Galaxy Smartphone Tipps und Tricks für Dummies

WILEY
WILEY-VCH Verlag GmbH & Co. KGaA

Bibliografische Information der Deutschen Nationalbibliothek
Die Deutsche Nationalbibliothek verzeichnet diese Publikation in der Deutschen Nationalbibliografie; detaillierte bibliografische Daten sind im Internet über http://dnb.d-nb.de abrufbar.

1. Auflage 2015

Printed in Germany

Gedruckt auf säurefreiem Papier

Coverfoto: © Sandra Bollenbacher
Korrektur: Geesche Kieckbusch, Hamburg
Satz: inmedialo Digital- und Printmedien UG, Plankstadt
Druck und Bindung: CPI – Ebner & Spiegel, Ulm

Print ISBN: 978-3-527-71176-5
ePub ISBN: 978-3-527-69634-5
mobi ISBN: 978-3-527-69633-8

Über die Autorin

Christine Peyton schreibt seit fast 20 Jahren EDV-Fachbücher für namhafte Verlage. Ihr Schwerpunkt liegt im Office-Bereich, sie hat aber auch Bücher unter anderem zu Windows, zur Fotobearbeitung und zum Internet veröffentlicht. Außerdem arbeitet sie als Dozentin in der Erwachsenenbildung, wo sie neben EDV-Themen auch die englische Sprache unterrichtet.

Inhaltsverzeichnis

Einleitung

Sie können mit Ihrem Galaxy S4 oder S5 fast intuitiv telefonieren, Nachrichten schreiben und empfangen oder fotografieren. Aber dieser Computer in Hosentaschenformat hat noch viel mehr Fähigkeiten.

Über dieses Buch

Dieses Büchlein wird Ihnen dabei behilflich sein, zahlreiche Funktionen Ihres Galaxy S4 und S5 zu entdecken, die nicht auf den ersten Blick zu erkennen sind. Sie erfahren zum Beispiel, dass Sie den Touchscreen nicht nur durch Antippen und durch Wischen bedienen können, sondern auch mit Gesten und Bewegungen ohne Berührung des Bildschirms. Sie lernen unter anderem, wie Sie für Ihre Lieblingskontakte Kurzwahlen festlegen, freundliche Ablehnungsnachrichten verschicken, Ihre Kontakte in Gruppen zusammenfassen und Text diktieren. Ein Kapitel stellt die diversen Modi der Kamera-App vor, mit denen Ihre Fotos noch besser gelingen werden. Auch zum Surfen im Internet finden Sie viele Tipps und Hinweise. Wie Sie es vermeiden, beim Surfen und Chatten in die Falle zusätzlicher Kosten zu tappen, beschreibt der Abschnitt über die Verwaltung der mobilen Datennutzung. Auch für alle WhatsApp-Nutzer ist was dabei: Lassen Sie sich von den verborgenen Talenten des allseits beliebten Messengers überraschen.

Konventionen in diesem Buch

Diese und viele andere spannende Funktionen Ihres Galaxys beschreibt dieses Pocketbuch auf seinen 128 Seiten kurz und bündig und angereichert durch zahlreiche Abbildungen. Sie müssen es nicht von A bis Z lesen, sondern können sich auch nur die Themen herauspicken, die Sie besonders interessieren, da die Beschreibungen der einzelnen Funktionen nicht aufeinander aufbauen. Für Galaxy-Besitzer, die sich erst einmal mit der grundsätzlichen Bedienung des Handys vertraut machen möchten, ist dieses Büchlein vielleicht nicht das richtige, aber es ist ein sehr nützlicher Begleiter für alle, die das Potential ihres Galaxys wirklich ausschöpfen möchten.

Symbole, die in diesem Buch verwendet werden

Dieses Symbol bedeutet, dass Sie hier in Kürze einen nützlichen Tipp zum Thema des Kapitels/Abschnitts finden, zum Beispiel einen Hinweis auf einen Shortcut, einen alternativen Handgriff oder eine zusätzliche Möglichkeit.

Hier heißt es: Vorsicht! Probieren Sie dieses oder jenes lieber nicht aus.

Hier werden Sie an etwas erinnert, was Sie sich merken sollten.

Hier finden Sie zusätzlichen Text zum Thema des Kapitels/Abschnitts, zum Beispiel eine weitergehende Erklärung, Hintergrundinformationen oder ein paar technische Details. Es ist kein »Muss«, diesen Text zu lesen, aber er macht manche Dinge klarer.

Wie es weitergeht

Blättern Sie einfach hin und wieder durch diese Sammlung von Tipps und Tricks und lassen Sie sich überraschen oder nehmen Sie das Buch zur Hand, wenn Sie an bestimmten Punkten nicht weiterkommen und Hilfe benötigen. Ich wünsche Ihnen jede Menge Spaß mit Ihrem Galaxy und viel Erfolg beim Ausprobieren all seiner erstaunlichen Fähigkeiten.

Ihr Galaxy mit und ohne Berührung steuern

1

In diesem Kapitel

- Das Galaxy mit Gesten steuern
- Die Intelligente Gesichtererkennungsfunktion
- Sprachsteuerung
- Befehle per S-Voice

Die Touchscreens für Smartphones und Tablets haben längst ihren Siegeszug angetreten. Durch einfache Berührung können Sie Ihre Geräte steuern. Bekannt sind Bewegungen wie Streifen und Antippen. Aber Ihr Samsung Galaxy kann weit mehr Gesten interpretieren, die Interaktion ist sogar ganz ohne Berührung des Bildschirms möglich.

Bewegungen und Gesten

Sie konfigurieren die Gestensteuerung in den Einstellungen im Punkt MEIN GERÄT|BEWEGUNGEN UND GESTEN. Hinter den drei Optionen GESTEN, BEWEGUNG und BEWEGUNG DER HANDFLÄCHE verbergen sich die diversen Gesten- und Bewegungsmöglichkeiten. Wenn Sie eine der Gesten/Bewegungen auswählen, führt Ihnen ein animiertes Schaubild vor, wie die entsprechende Geste auszuführen ist. Mit der Schaltfläche TESTEN SIE ES können Sie die Geste/Bewegung probieren (siehe Abbildung 1.1).

Die ganze Sache ist recht beeindruckend, setzt aber voraus, dass Sie die richtige Geste in der richtigen Situation einsetzen und dass Sie bei allen Gesten darauf achten, jeweils über

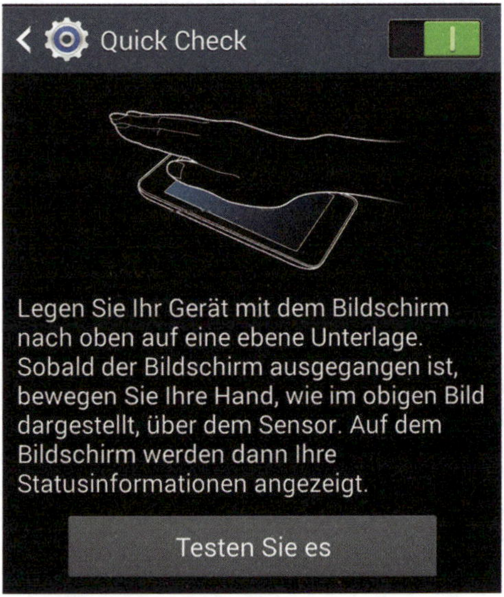

Abbildung 1.1: Probieren Sie Gesten aus!

den Sensor (eine der Leuchtdioden) ganz oben am Gerät zu streifen. Übung macht den Meister!

Der Menüpunkt BEWEGUNGEN UND GESTEN|GESTEN präsentiert eine Reihe von Gesten, mit denen Sie Aktionen ohne direkte Berührung des Bildschirms ausführen können (siehe Abbildung 1.2).

Hier ein Überblick über die Gesten auf dem S4:

- ✔ QUICK CHECK: Damit können Sie sich im Standby-Modus die wichtigsten Informationen anzeigen lassen. Streifen Sie mit der Handfläche oder zwei Fingern einfach über den Sensor oben am Gerät (siehe Abbildung 1.3).

Abbildung 1.2: Aktivierte Gesten

Abbildung 1.3: Nur die wichtigsten Informationen werden angezeigt.

- Air Jump: Damit können Sie mit Wischbewegungen durch Internetseiten/E-Mails scrollen, ohne den Bildschirm zu berühren.
- Air Browse: Mit dieser Geste scrollen Sie durch Handwischen nach links oder rechts durch Elemente, die aktuell auf dem Bildschirm angezeigt werden, zum Beispiel durch Bilder der Galerie.
- Air Move: Diese Geste ist etwas knifflig, aber wirkungsvoll. Sie halten ein Element mit dem Finger fest und nehmen die andere Hand, um es durch Streichen über den Sensor auf einen anderen Bildschirm zu verschieben.
- Air Call Accept: Mit dieser Geste können Sie im Standby-Modus einen Anruf annehmen, indem Sie die Hand von links nach rechts über den Sensor bewegen.

Der Menüpunkt Bewegung öffnet ein Menü mit verschiedenen Bewegungsoptionen. Durch Hochnehmen, Kippen, Schwenken und Umdrehen Ihres Smartphones können Sie diverse Aktionen ausführen.

Sie aktivieren hier unter anderem den Direktanruf, mit dem Sie durch Hochnehmen des Handys zum Ohr einen Anruf an den aktuell angezeigten Kontakt starten, und die Funktion Smart Alert: Wenn das Display ausgeschaltet ist und Sie es in die Hand nehmen, wird es bei verpassten Anrufen oder Nachrichten vibrieren, wenn nichts passiert ist, vibriert es auch nicht. Das ist ganz praktisch, da Sie das Gerät gar nicht extra einschalten müssen, um zu prüfen, ob Sie etwas »verpasst« haben.

Den Zoom der Bilder in der Galerie können Sie bei eingeschalteter Zoom-Funktion einfach verändern, indem Sie Ihr

Galaxy einmal nach hinten und wieder nach vorn kippen. Schließlich gibt es die Möglichkeit, den Menüpunkt STUMM/ANHALTEN zu aktivieren. Damit können Sie eingehende Anrufe und Töne anhalten, indem Sie das Gerät einfach umdrehen.

Lassen Sie sich auch zu diesen Bewegungen jeweils die Anleitungen zeigen, wenn Sie vorhaben, sich mit dieser Art der Kommunikation anzufreunden.

Wenn Sie BEWEGUNG MIT HANDFLÄCHE wählen, können Sie zwei Bewegungsoptionen aktivieren:

- ✔ SCREENSHOT – Sie erzeugen einen Screenshot durch Wischen mit der Handkante von links nach rechts oder umgekehrt, wobei Sie den Bildschirm aber berühren müssen (siehe Abbildung 1.4).

Abbildung 1.4: Einen Screenshot erzeugen

- Stumm/anhalten – Sie schalten Ihr Smartphone auf stumm und halten Medien an, indem Sie die Handfläche auf den Bildschirm halten.

Auf dem S5 finden Sie den Punkt Bewegungen und Gesten in den Einstellungen oder – in der Registerkartenansicht – auf dem Register Steuerungen. Die weitere Untergliederung in Gesten, Bewegung und Bewegung der Handfläche fehlt, stattdessen taucht noch der Punkt Air View auf.

Insgesamt sind die Bewegungsoptionen aber etwas abgespeckt worden. Wenn Sie auf Bewegungen und Gesten tippen, werden die Bewegungsgesten, die das S5 an Bord hat, angezeigt: Air Browse, Direktanruf, Smart Alert, Stumm/anhalten, Aufnahme durch Wischen mit der Handkante. Dies sind im Wesentlichen die Bewegungen, die auf dem S4 unter dem Menüpunkt Bewegungen versammelt sind (siehe oben). Hinter Stumm/anhalten verbergen sich auf dem S5 weitere Methoden zum Stummschalten und Anhalten von Tönen und die Funktion Smart Pause zum Anhalten von Videos.

Smart Screen

Nicht nur Handbewegungen spielen eine Rolle. Ihr Galaxy kann sich noch »menschlicher« verhalten und – dank der vorderen Kamera – auf Kopf- und Augenbewegungen reagieren. Dies ist die *Intelligente Gesichtererkennungsfunktion*, der Smart Screen Ihres Smartphones.

Die entsprechenden Optionen finden Sie in den Einstellungen|Mein Gerät|Smart Screen. Auch hier tippen Sie die Menüpunkte an, um eine Erklärung und Anleitung zu erhalten.

Auf dem S5 wandern Sie in den Einstellungen über Personalisierung|Eingabehilfe|Geschicklichkeit und Interaktion zum

Punkt Smart Scroll. Die beiden Features Smart Stay und Smart Pause finden Sie auf dem S5 in der Sektion Anzeige. Die Funktion Smart Pause gibt es auch als Unterpunkt von Bewegungen und Gesten|Stumm/anhalten.

- ✔ Mit dem Smart Stay soll der Bildschirm so lange eingeschaltet bleiben, wie Sie Blickkontakt mit ihm halten. Das funktioniert ganz gut, aber Sie müssen tatsächlich darauf achten, dass Sie das Gerät vor Ihr Gesicht halten und mehr oder minder in die vordere Kamera schauen (siehe Abbildung 1.5).

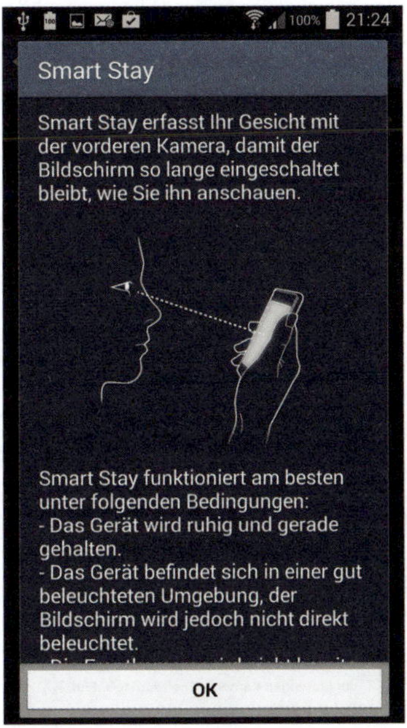

Abbildung 1.5: Mit Smart Stay bleibt der Bildschirm eingeschaltet.

- Die Smart Pause sorgt dafür, dass ein Video angehalten wird, wenn Sie wegschauen.
- Mit Smart Scroll scrollen Sie durch Internetseiten oder Texte, indem Sie je nach Einstellung den Kopf oder das Gerät neigen. Sobald der Sensor den Blickkontakt registriert hat, erscheint ein blaues Augensymbol auf dem Bildschirm (siehe Abbildung 1.6). Ändern Sie den Winkel des Geräts, bis das Auge grün aufleuchtet. Dann können Sie mit der Kopfneigung nach oben oder unten durch den Text scrollen.

Abbildung 1.6: Scrollen Sie mit Blickkontakt durch einen Text.

Aktivieren Sie am besten einmal die Option und probieren Sie sie aus. Nach meiner Erfahrung funktioniert sie ganz gut, gleichzeitig praktizieren Sie eine effektive Nackengymnastik! Und natürlich ist sie auch – wie viele der Gesten und Bewegungen – für Menschen mit bestimmten physischen Behinderungen gedacht.

Neben den bisher erwähnten Bewegungen und Gesten gibt es noch das Feature Air View, ebenfalls in der Sektion Eingabe und Steuerung zu finden. Wenn Sie diese Option und im nächsten Fenster die Option Vorschau aktivieren, erhalten Sie eine Vorschau von einem Element, zum Beispiel einem Bild in der Galerie, wenn Sie mit dem Finger ganz nah an das Bild auf dem Display gehen und den Finger kurz darüber schweben lassen. Auf dem S5 finden Sie Air View direkt unter den Einstellungen.

Sprachsteuerung

Auf jeden Fall werden Sie Ihre Umgebung damit beeindrucken, wenn Sie Ihrem Smartphone Befehle erteilen können und es dann sogar aufs Wort gehorcht, braver als der Hund der Nachbarin, mit dem sie sich so gern brüstet.

Welche Befehle Sie welchen Anwendungen erteilen können, erfahren Sie im Menü Sprachsteuerung, das Sie über Einstellungen|Mein Gerät|Sprachsteuerung aufrufen. Sie können zum Beispiel die Kamera und den Music Player mit Befehlen steuern; die Ansage »Klick« macht ein Foto, beim Abspielen von Musik können Sie Befehle wie »Pause« und »Lauter« erteilen.

Ob Sprachbefehle tatsächlich schneller sind als ein Antippen oder Ähnliches, sei dahingestellt, aber das bisschen SciFi macht auf jeden Fall Spaß.

Auf dem S5 finden Sie die Aktivierung der Sprachbefehle nicht mehr gemeinsam auf einem Bildschirm, sondern jeweils in den einzelnen Anwendungen, die Sprachbefehle »Antworten« und »Abweisen« zum Beispiel über ANRUF|ANRUF-EINSTELLUNGEN|ANRUF ANTWORTEN UND BEENDEN|SPRACHSTEUERUNG.

Das Gerät mithilfe von S Voice-Befehlen steuern

Auch über die App *S Voice* können Sie mit Ihrem Gerät sprechen und Befehle per Spracheingabe erteilen. Je nach Befehl oder Frage wird eine Aktion ausgelöst und Sie erhalten ein Sprach-Feedback. Wenn »S Voice« Sie nicht versteht oder den Befehl nicht ausführen kann, antwortet »S Voice« in der Regel mit einer allgemein gehaltenen Antwort. Die roboterhafte Stimme ist allerdings gewöhnungsbedürftig; erschrecken Sie nicht!

Sie starten »S Voice« über das Symbol in den Apps oder indem Sie zweimal auf den Home-Bildschirm tippen. Um zu sprechen, tippen Sie zunächst auf das Mikrofon oder Sie sagen »Hallo Galaxy« (siehe Abbildung 1.7).

Dann können Sie bestimmte Anweisungen geben oder auch Fragen stellen. Zum Beispiel können Sie auf diese Weise viele Apps aufrufen, etwa die Kamera (sagen Sie einfach »Kamera«), Google Maps oder die Galerie (sagen Sie »Galerie«, »Galerie öffnen« oder Ähnliches).

Sie können auch an jemanden aus dem Adressbuch eine SMS schicken, indem Sie einfach »SMS an [Name]« sagen. Die Stimme fragt Sie dann nach dem Text der Nachricht, den Sie ebenfalls diktieren, und danach erhalten Sie die Frage, ob Sie abbrechen oder senden möchten. Mit dem Sprachbefehl »Ändern« können Sie Ihre Nachricht noch ein-

Abbildung 1.7: Der Bildschirm von S Voice

mal sprechen. Auch einen Song aus Ihrer Musikbibliothek können Sie über S Voice abspielen lassen. Sagen Sie einfach: »Spiele [Name des Songs]«. Daraufhin wird die App geöffnet und der Titel abgespielt.

Sie können S Voice auch direkt Fragen stellen, die es dann mithilfe des Internets zu beantworten versucht. Auf die Frage »Brauche ich einen Regenschirm?« erhalten Sie zum Beispiel die Wettervorhersage zu Ihrem aktuellen Standort.

Ihr Smartphone personalisieren 2

In diesem Kapitel

- ✔ Einen Hintergrund festlegen
- ✔ Apps und Widgets auf den Home-Bildschirm legen
- ✔ Ordner für Apps anlegen
- ✔ Den Home-Bildschirm im einfachen Modus anzeigen

Einen eigenen Hintergrund wählen

Der Hintergrund des Bildschirms hat zwar nichts mit der Funktionalität Ihres Smartphones zu tun, aber da Sie so oft darauf schauen werden, sollten Sie sich einen Hintergrund gönnen, der Ihnen wirklich gut gefällt.

Das ist schnell gemacht. Tippen Sie auf eine leere Stelle des Home-Bildschirms und halten Sie den Finger etwas länger gedrückt. In dem erscheinenden Menü tippen Sie auf HINTERGRUNDBILD FESTLEGEN|STARTBILDSCHIRM (der Befehl HINTERGRUND FESTLEGEN wird auch direkt im Kontextmenü des Startbildschirms angeboten). Auf dem S5 finden Sie die Option HINTERGRUND über EINSTELLUNGEN|TON UND ANZEIGE oder Sie führen auf dem Startbildschirm die Kneifgeste aus, das heißt, Sie bewegen zwei Finger aufeinander zu.

Sie können den neuen Hintergrund nun aus verschiedenen Quellen wählen (siehe Abbildung 2.1):

- ✔ GALERIE, in der Ihre eigenen Fotos gespeichert sind.
- ✔ HINTERGRUND, hier finden Sie eine Reihe schöner Fotos, von denen Sie eins übernehmen können.

- Live-Hintergründe für animierte Hintergrundbilder, mit denen Sie Ihrem Startbildschirm Leben einhauchen. Die Auswahl ist allerdings bescheiden, für das S4 werden nur zwei Animationen angeboten. Aber Sie können sich natürlich massenhaft andere Animationen auf Ihr Galaxy herunterladen, wenn Sie möchten. Aber bedenken Sie, dass solche Live-Hintergründe den Akku Ihres Geräts empfindlich belasten.

Abbildung 2.1: Wählen Sie hier die Quelle des Hintergrundbilds aus.

Wenn Sie ein Bild aus der Galerie wählen, werden Sie zunächst aufgefordert, das Bild/Foto zuzuschneiden. Wählen Sie im Menü am besten die Option Nur einmal und verändern Sie gegebenenfalls den Bildausschnitt mithilfe der Ziehpunkte, die Sie mit gedrücktem Finger nach innen oder außen ziehen. Tippen Sie dann auf Fertig.

Das Gleiche können Sie übrigens auch mit dem Sperrbildschirm machen. Sie wählen dann statt STARTBILDSCHIRM einfach HINTERGRUND|SPERRBILDSCHIRM.

Apps, Icons und Widgets auf den Home-Bildschirm legen und entfernen

Ihr Home-Bildschirm und die verschiedenen Seiten des Home-Bildschirms sind Ihnen zu bunt und unübersichtlich? Dann schaffen Sie ein bisschen Ordnung, indem Sie zunächst einige App-Symbole entfernen.

Auf dem Home-Bildschirm werden lediglich Verknüpfungen zu Apps und Widgets abgelegt. Daher können Sie ruhig Icons auf dem Home-Bildschirm löschen, die Programme werden durch diese Aktion nicht gelöscht.

Das Löschen einer Verknüpfung geht ganz einfach: Tippen Sie das entsprechende Element ein bisschen länger an als normalerweise beim Aufrufen und ziehen Sie es mit dem Finger auf den nun am oberen Rand erscheinenden Papierkorb (siehe Abbildung 2.2).

Nachdem Sie überflüssige App-Symbole entfernt haben, packen Sie solche Apps oder Widgets auf den Home-Bildschirm, die Sie häufig nutzen.

Dazu prüfen Sie zunächst, ob auf einer der Seiten des Home-Bildschirms genügend Platz für neue Icons ist. Dann öffnen Sie das Menü mit allen Apps und halten die App gedrückt, die Sie verschieben möchten. Im unteren Bereich des Bildschirms werden die verschiedenen Seiten des Home-Bildschirms als Miniaturen angezeigt (siehe Abbildung 2.3). Ver-

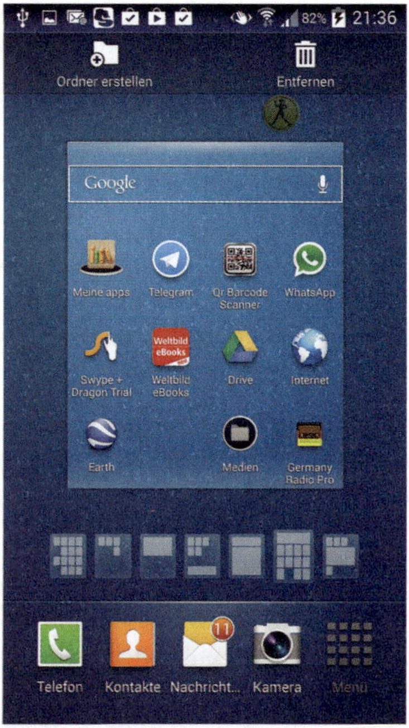

Abbildung 2.2: Ziehen Sie das App-Symbol auf den Papierkorb.

Abbildung 2.3: Die Seiten des Home-Bildschirms als Miniaturen

schieben Sie die App mit gedrücktem Finger auf eine frei wirkende Seite des Home-Bildschirms.

Sobald Sie den Finger loslassen, sehen Sie das App-Symbol auf der »Ziel-Seite«.

Unten auf dem Home-Bildschirm gibt es die *Favoritenleiste* mit den Fix-Icons, die auf jeder der Seiten des Home-Bildschirms zu sehen sind; in der Regel finden Sie hier das Symbol für KONTAKTE, NACHRICHTEN, TELEFON und das INTERNET. Diese Icons können Sie gegen andere austauschen. Auch hierzu öffnen Sie das Menü mit allen Apps, halten die gewünschte App gedrückt und schieben das Symbol, das in der Favoritenleiste erscheinen soll, auf eines der dort angezeigten Elemente. In der Abbildung 2.4 sehen Sie, dass das WHATSAPP-Symbol auf die Favoritenleiste wandert. Dafür verschwindet das Symbol, das zuvor dort lag.

Abbildung 2.4: Das WhatsApp-Icon in die Favoritenleiste ziehen

Ordner für Apps anlegen

Der Ordnung und Übersichtlichkeit dienen auch Ordner, in denen Sie Apps bündeln, sodass Sie weniger einzelne App-Symbole auf dem Bildschirm haben.

Als Erstes legen Sie einen Ordner an. Dazu tippen Sie etwas länger auf den Home-Bildschirm und wählen im Menü ORDNER. Im Menü ORDNER ERSTELLEN geben Sie dem neuen Ordner einen Namen und tippen auf OK (auch im Kontextmenü des Startmenüs finden Sie den Befehl ORDNER ERSTELLEN). Auf dem S5 gibt es auf dem Apps-Bildschirm das Overflow-Symbol, auch als WEITERE OPTIONEN bezeichnet (die drei Punkte), über das Sie ein Menü öffnen, das unter anderem den Befehl ORDNER ERSTELLEN enthält. Sie finden in dem Fenster, in dem Sie den Namen eingeben, ein Pluszeichen, über das Sie direkt Anwendungen in den Ordner legen können.

Daraufhin sehen Sie das Ordnersymbol auf dem Bildschirm (Abbildung 2.5).

Abbildung 2.5: Das Ordner-Symbol auf dem Bildschirm

Halten Sie nun ein App-Icon gedrückt und schieben Sie es auf das Ordnersymbol. So verfahren Sie weiter, bis alle gewünschten Apps in dem Ordner liegen. Diese Aktion verschiebt lediglich Verknüpfungen in den Ordner, das heißt, die eigentlichen Apps bleiben an ihrem Speicherort liegen.

Zum Öffnen des Ordners tippen Sie ihn einfach an. Sie sehen dann die Elemente, die in dem Ordner liegen (Abbildung 2.6).

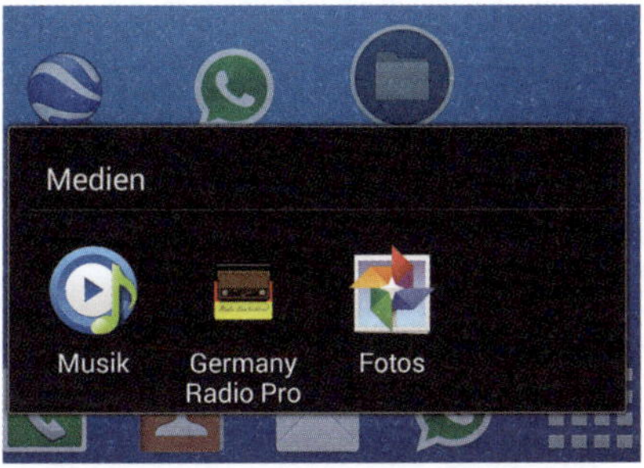

Abbildung 2.6: Der geöffnete Ordner

Auch Ordner können Sie wieder löschen. Dazu tippen Sie ihn an und halten ihn gedrückt. Dann schieben Sie ihn auf das Papierkorb-Symbol. Die Apps, die Sie in den Ordner gepackt hatten, werden dadurch nicht gelöscht, sondern lediglich die Verknüpfungen der Apps, die in dem Ordner waren.

Sowohl beim S4 als auch beim S5 können Sie auch andersherum beginnen: Sie halten eine App gedrückt und ziehen sie auf den Befehl ORDNER ERSTELLEN am oberen Bildschirmrand. Auch dies öffnet das Fenster zur Eingabe eines Ordnernamens und die App wird direkt in dem neuen Ordner abgelegt.

Das Display im einfachen Modus

Wenn Ihnen Ihr Smartphone trotz Frühjahrsputz nach wie vor überfrachtet scheint und Sie ständig die Lesebrille hervorkramen, um die kleinen Icons zu erkennen, ist eine ganz einfache Oberfläche mit größeren Symbolen vielleicht das Richtige für Sie. Diese Einstellung nennt sich *Einfacher Modus*. Schauen Sie sich das einmal an; keine Bange, Sie können natürlich jederzeit zum Standardmodus zurückkehren.

Sie schalten den Modus ein, indem Sie im Einstellungsmenü auf MEIN GERÄT tippen und hier STARTBILDSCHIRMMODUS wählen. Im nächsten Fenster aktivieren Sie die Option EINFACHER MODUS. Auf dem S5 finden Sie die Option EINFACHER MODUS direkt in den Einstellungen unter dem Menüpunkt GERÄT und PERSONALISIERUNG.

Dann tippen Sie auf ANWENDEN oben rechts am Bildschirm und bestätigen die Einstellung mit OK. Daraufhin erhalten Sie einen Home-Bildschirm mit einem sehr übersichtlichen Layout (Abbildung 2.7).

Abbildung 2.7: Der Bildschirm im einfachen Modus

Auf ähnlichem Wege können Sie zum Standardbildschirm zurückkehren. Im Kontextmenü wählen Sie EINSTELLUNGEN FÜR EINFACH|STARTBILDSCHIRMMODUS.

Nachrichten aller Art 3

In diesem Kapitel

- SMS mit Multimedia-Anhang verschicken
- SMS an eine Gruppe senden
- Diktieren mit der Google-Spracheingabe
- Spracheingabe per Swype + Dragon
- Text kopieren und einfügen
- Tipps zur Nutzung von WhatsApp
- Der Messenger Threema

Wenn der Eindruck nicht täuscht, schreiben alle Smartphone-Besitzer mehr oder weniger ständig kurze Nachrichten. Überall sieht man Menschen eifrig auf ihren kleinen Geräten herumtippen, oft mit erstaunlicher Geschwindigkeit. Nachrichten zu schreiben ist also keine Geheimwissenschaft mehr, die es zu erklären gilt, egal ob Sie zur guten alten SMS greifen oder Nachrichtendienste wie WhatsApp nutzen (dazu mehr weiter hinten in diesem Kapitel). Daher stellt dieses Kapitel lediglich einige Möglichkeiten vor, die Sie vielleicht noch nicht eingesetzt haben.

Es sei an dieser Stelle angemerkt, dass es beim Schreiben von Texten/Nachrichten auf dem Galaxy keine Möglichkeit gibt, einmal gelöschten Text wieder herbeizuzaubern, zum Beispiel durch Schütteln wie beim iPhone. Hier heißt es: Gelöscht ist gelöscht.

MMS senden und empfangen

So, wie Sie eine normale SMS versenden, können Sie den Empfänger auch mit einer MMS, also einer Nachricht mit einem Multimedia-Anhang beglücken. Aber seien Sie vorsichtig: Das Verschicken von Fotos oder kleinen Videos greift in Ihre Geldbörse, meistens kostet es ungefähr das Vierfache einer SMS. Gehen Sie damit also nicht zu spontan oder leichtsinnig um!

Ansonsten verfahren Sie wie beim Versand einer SMS.

- Schreiben Sie die Nachricht und tippen Sie zum Anhängen des Medienobjekts auf die Büroklammer. Sie erhalten dann das Fenster ANHÄNGE (siehe Abbildung 3.1).
- Hier haben Sie dann Zugriff auf alle Medien, die sich auf Ihrem Smartphone befinden. Um zum Beispiel ein Bild oder ein Video anzuhängen, tippen Sie auf GALERIE. In der Galerie wählen Sie durch Antippen das gewünschte Bild aus, sodass in dem Kästchen ein Haken erscheint.
- Bestätigen Sie Ihre Auswahl mit FERTIG.

SMS-Nachrichten an Gruppen senden

Wenn Sie den Mitgliedern Ihres Vereins oder allen Teilnehmern Ihrer Skatgruppe eine SMS-Nachricht zukommen lassen möchten, nutzen Sie am besten die Möglichkeit, die Empfänger einer Gruppe zuzuordnen. Ihre Nachricht verschicken Sie dann einfach an diese Gruppe.

Zuerst erstellen Sie die Gruppe. Dies erledigen Sie in der Kontakte-App, wo Sie zum Tab GRUPPEN wechseln. Dort öffnen Sie über die Sensortaste das Kontextmenü und wählen ERSTELLEN. Auf dem S5 tippen Sie in der Kontakte-App auf

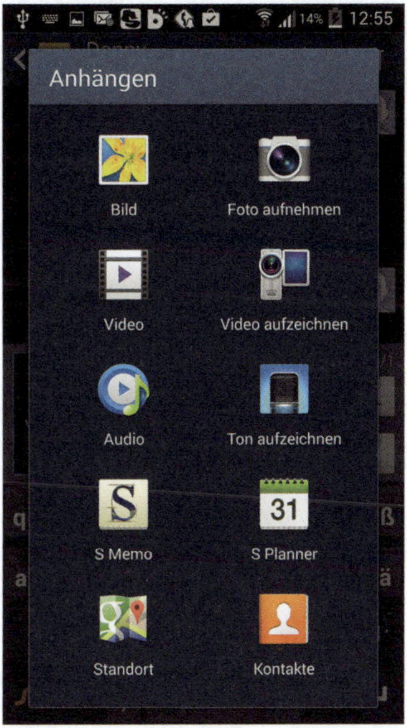

Abbildung 3.1: Diese Elemente können Sie an eine MMS anhängen.

das Gruppensymbol (die zwei Köpfe) und dann auf das Pluszeichen. Im nächsten Fenster geben Sie der Gruppe einen Namen (siehe Abbildung 3.2). Speichern Sie Ihre Eingabe, indem Sie auf SPEICHERN tippen.

Nun ordnen Sie der Gruppe ihre Mitglieder zu. Dazu öffnen Sie die Gruppe, die nun in der Liste auftaucht und tippen auf das Pluszeichen neben dem Textfeld. Im folgenden Fenster haken Sie alle Kontakteinträge an, die Sie in der Gruppe aufnehmen möchten. Tippen Sie auf FERTIG. Fertig!

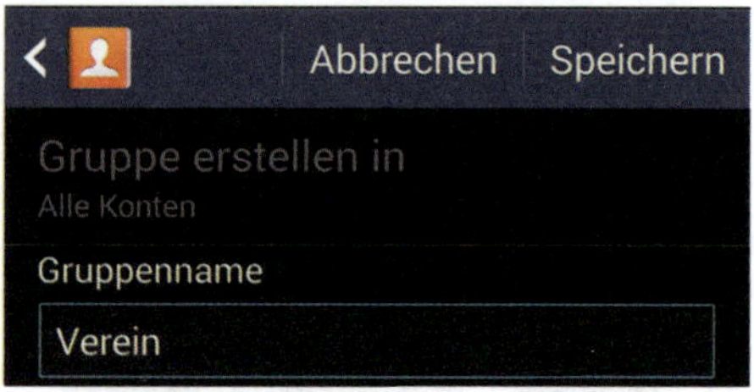

Abbildung 3.2: Geben Sie der Gruppe einen Namen.

Um eine Nachricht an die Gruppe zu schicken, gehen Sie wie üblich in das Fenster für eine neue Nachricht und öffnen über das Symbol mit der Gesichtsschablone neben dem Feld EMPFÄNGER EINGEBEN die Liste der Kontakte. Hier aktivieren Sie den Tab GRUPPEN, wählen die Gruppe aus und dann einzelne Gruppenmitglieder; wenn alle Mitglieder der Gruppe die Nachricht erhalten sollen, tippen Sie einfach auf die Schaltfläche ALLE AUSWÄHLEN. Bestätigen Sie mit FERTIG (siehe Abbildung 3.3).

Dann schreiben Sie Ihre Nachricht und versenden sie.

Denken Sie beim Schreiben auf der Bildschirmtastatur daran, dass Sie recht schnell auf Satzzeichen und Sonderzeichen zugreifen können, indem Sie den Punkt etwas länger gedrückt halten. Im Menü finden Sie das Semikolon, das Komma und so weiter. Das ist schneller gemacht als immer zwischen dem ABC-Layout und dem Sym-Layout hin und her zu wechseln.

Diktieren statt schreiben

Vielleicht empfinden Sie das Schreiben auf der kleinen Bildschirmtastatur doch als mühselig? Dann gibt es eine prima

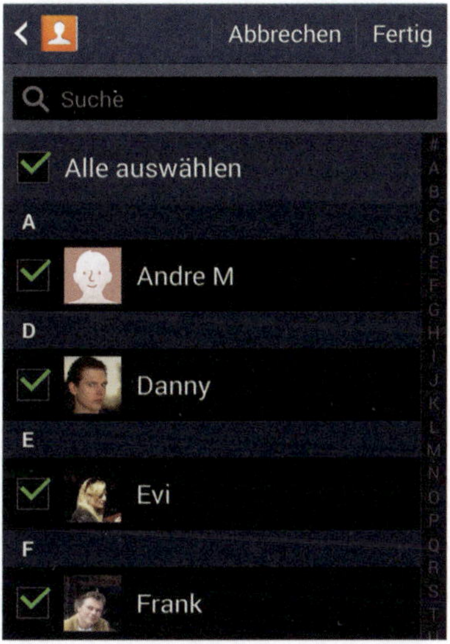

Abbildung 3.3: Nachricht an eine Gruppe

Alternative: Diktieren Sie Ihre Nachricht beziehungsweise irgendeinen Text, den Sie eingeben möchten, einfach über die Google-Spracheingabe. Ihr Smartphone versteht Sie ziemlich gut.

Die Tastatur wechselt vom Hochformat ins Querformat, wenn Sie Ihr Galaxy kippen. Im Querformat ist die Tastatur breiter, was das Tippen erleichtert. Legt sich die Tastatur nicht quer, ist die Option BILDSCHIRM DREHEN nicht eingeschaltet. Gehen Sie in die Schnelleinstellungen und holen Sie das notfalls nach.

Zum Ausprobieren öffnen Sie das Nachrichtenfenster. Dann tippen Sie auf der Bildschirmtastatur auf das Mikrofonsymbol. Sie sehen dann ein rotes Mikrofonsymbol und die Aufforderung SPRECHEN (siehe Abbildung 3.4).

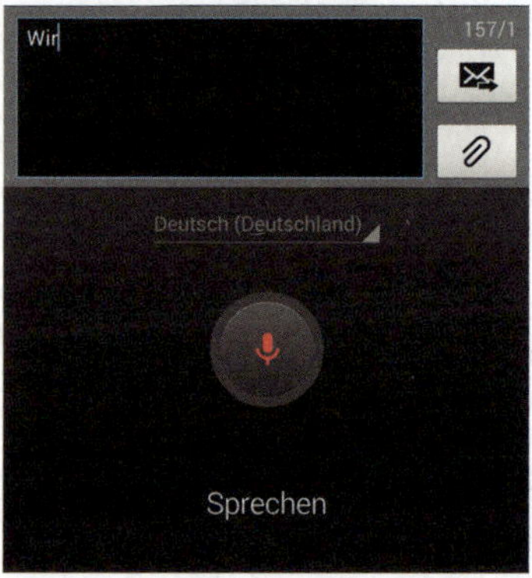

Abbildung 3.4: Diktieren Sie Ihren Text.

Folgen Sie dieser Aufforderung und sprechen Sie einfach drauflos.

- ✔ Achten Sie darauf, dass Sie deutlich sprechen, umso besser wird das Ergebnis, das im Textfeld erscheint.
- ✔ Sie müssen aber nicht direkt in das virtuelle Mikrofon sprechen, Ihr Galaxy hört Sie auch aus einiger Distanz.
- ✔ Das Galaxy wird nicht jedes Wort richtig verstehen. Zum Korrigieren unterbrechen Sie die Aufnahme, indem Sie auf das Mikrofonsymbol tippen und dann auf das kleine Tastatursymbol. Dann haben Sie wieder die Bildschirmtastatur vor Augen und Sie können Zeichen/Worte löschen. Wenn Sie beim Sprechen zu lange pausieren, wird die Aufnahme automatisch beendet.

Allerdings hat die Sache einen Haken: Sie können nur ohne Punkt und Komma diktieren. Anweisungen wie »Punkt« oder »Komma« würden einfach mitgeschrieben und nicht als Satzzeichen interpretiert werden. Wenn Sie auf Satzzeichen Wert legen, müssen Sie zwischendurch die Tastatur aufrufen und sie über die Tastatur eingeben.

Diktieren mit Swype + Dragon

Um beim Diktieren aus dem Vollen schöpfen zu können, sollten Sie alternativ zur Spracheingabe mit der App *Swype Keyboard* greifen, die eine schnelle Spracherkennung und außerdem einen lernfreudigen Wortschatz bietet. Diese App, die die Swype-Tastatur und die Dragon-Spracherkennung beinhaltet, können Sie im Play Store auf Ihr Galaxy herunterladen. Geben Sie im Google Play Store einfach »Swype« ein, in der Ergebnisliste taucht dann »swype keyboard for android« auf. Es ist eine kostenpflichtige App, wobei der Preis von 0,80 Euro zu verschmerzen ist; aber es gibt auch eine freie Trial-Version für 30 Tage.

- ✔ Um die Spracherkennung von Dragon zu nutzen, müssen Sie zuerst die Swype-Tastatur aktivieren. Dazu wählen Sie in den Einstellungen den Tab MEIN GERÄT und dann SPRACHE UND EINGABE. Auf dem S5 rufen Sie die Einstellungen auf und scrollen zum Tab mit der Aufschrift STEUERUNG. Hier finden Sie dann auch den Punkt SPRACHE UND EINGABE.
- ✔ Im Fenster SPRACHE UND EINGABE tippen Sie auf den Pfeil neben STANDARD und dann auf die Schaltfläche EINGABEMETHODEN KONFIGURIEREN. Im nächsten Fenster aktivieren Sie SWYPE + DRAGON.

- Gehen Sie zurück zum Fenster SPRACHE UND EINGABE und wählen Sie hier SWYPE + DRAGON aus (siehe Abbildung 3.5).

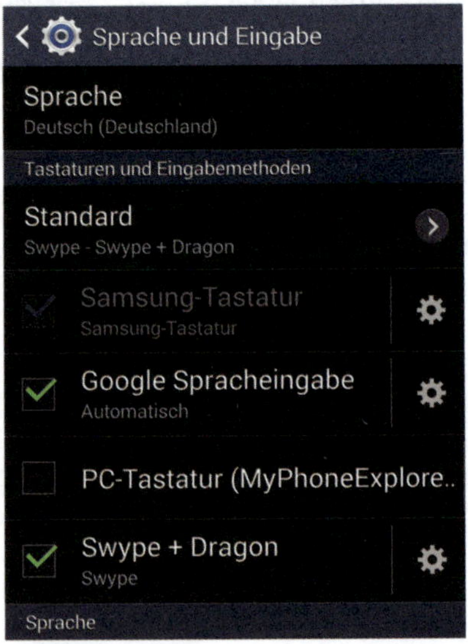

Abbildung 3.5: Swype + Dragon aktivieren

Rufen Sie nun zum Testen das Nachrichtenfenster auf, sodass Sie die Bildschirmtastatur sehen. Statt des Mikrofons sehen Sie auf der Tastatur nun das Dragon-Symbol (die kleine Flamme). Dahinter verbirgt sich das Mikrofon (siehe Abbildung 3.6).

Das weitere Vorgehen ist wie beim Diktieren mit der Google Spracheingabe. Allerdings dürfen Sie nun Satzzeichen wie Punkt, Komma, Ausrufezeichen, Fragezeichen und Doppelpunkt mitdiktieren. Swype erkennt diese Begriffe anstandslos als Satzzeichen.

Abbildung 3.6: Die Swype-Tastatur

Um eines der beliebten Smileys in den Text einzufügen, öffnen Sie über die Sensortaste das Kontextmenü und tippen hier auf SMILEY EINFÜGEN. Zu den Einstellungen von Dragon gelangen Sie, indem Sie etwas länger auf die Taste mit dem Swype-Logo links auf der Tastatur tippen und im Menü EINSTELLUNGEN wählen.

Copy & Paste – Kopieren und Einfügen

Vom Arbeiten am Computer kennen Sie die Möglichkeit, Text oder andere Elemente zu kopieren und an anderer Stelle wieder einzufügen. Das können Sie auch auf Ihrem Galaxy machen, allerdings ist die Handhabung etwas knifflig, da sich der Text in den kleinen Textfeldern einfach nicht so gut markieren lässt.

- ✔ Tippen Sie doppelt auf die Stelle im Text, an der die Markierung beginnen soll. Sie erhalten dann zwei blaue Markierungsrechtecke.

- Diese Rechtecke können Sie greifen und mit dem Finger verschieben, um den Anfangs- und Endpunkt der Markierung zu setzen. Das muss nicht auf Anhieb klappen, da der Finger nun mal nicht so ein präzises Zeigegerät ist wie die Computermaus. Schieben Sie die Rechtecke so lange nach rechts oder links, bis die gewünschte Textpassage markiert ist.
- Zum Kopieren tippen Sie in dem Menü, das beim Markieren automatisch erscheint (siehe Abbildung 3.7), auf den Befehl KOPIEREN.

Abbildung 3.7: Ein kopierter Text mit der Menüleiste

Den kopierten Text können Sie an anderen Stellen – und auch in anderen Anwendungen – wieder einfügen. Dazu nutzen Sie die Schaltfläche EINFÜGEN. Das Menü mit dieser Schaltfläche erscheint, wenn Sie ein Textfeld kurz gedrückt halten.

Sie können den kopierten Text so oft einfügen, wie Sie lustig sind. Er bleibt in der Zwischenablage, solange Sie nichts Neues kopieren.

Der beliebte WhatsApp-Messenger

Sie gelten heutzutage fast als Sonderling, wenn Sie den Nachrichtendienst *WhatsApp* noch nicht nutzen. Aber der inzwischen zu Facebook gehörende Dienst steht auch immer wieder in der Kritik, sei es wegen Sicherheitsproblemen und/oder wegen der AGBs, in denen sich WhatsApp weitreichende Rechte an von Nutzern hochgeladenen Inhalten wie Bilder und anderen Mediendaten sichert. Dennoch scheint die Popularität des Dienstes ungebrochen.

Wir gehen davon aus, dass Sie zu den mehr oder minder begeisterten Nutzern von WhatsApp gehören, und erklären hier nicht den Dienst selbst, sondern verraten Ihnen einige Einstellungen und Möglichkeiten, die WhatsApp parat hält und die Sie vielleicht noch nicht genutzt haben.

Zuletzt online

Online und *Zuletzt online* sind Anzeigen, die kennzeichnen, ob der Kontakt online ist oder wann er das letzte Mal mit WhatsApp verbunden war. Die Anzeige ONLINE bedeutet lediglich, dass dieser Kontakt WhatsApp geöffnet hat und eine Internetverbindung besteht. ZULETZT ONLINE bezieht sich auf den Zeitpunkt, an dem der Kontakt WhatsApp verlassen hat.

In der Standardeinstellung erlaubt WhatsApp, dass alle WhatsApp-Benutzer den *Zuletzt online*-Zeitstempel sehen können. Um diese Einstellungen zu ändern, öffnen Sie im Startfenster von WhatsApp über die Sensortaste das Kontextmenü und gehen über EINSTELLUNGEN|ACCOUNT zum DATENSCHUTZ. Hier tippen Sie auf ZULETZT ONLINE und wählen im nächsten Menü zum Beispiel NIEMAND (siehe Abbildung 3.8). Wenn Sie Ihren *Zuletzt online*-Zeitstempel nicht teilen, können Sie auch nicht das *Zuletzt online* anderer sehen. Es gibt übrigens keine Möglichkeit, den *Online*-Status zu verbergen.

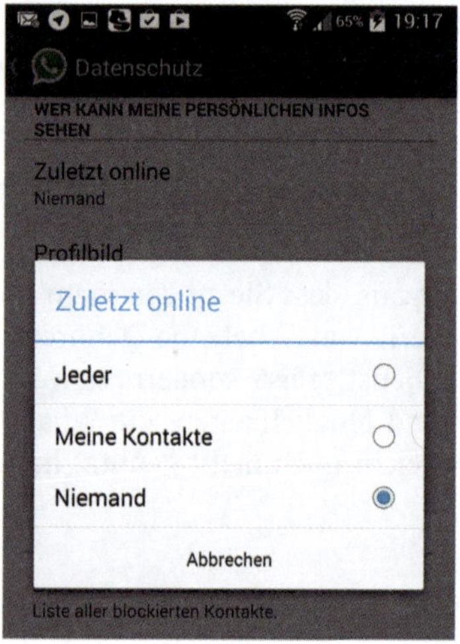

Abbildung 3.8: Die Einstellung für den »Zuletzt online«-Zeitstempel

Nachrichten offline lesen

Der *Zuletzt online*-Status verrät, wann man zuletzt online war und gibt dem Versender einer Nachricht einen Hinweis darauf, ob man die Message einfach ignoriert. Dies gibt vielen Nutzern das Gefühl, eigentlich immer erreichbar sein zu müssen. Sie können diese Nachrichten aber auch in aller Ruhe lesen, und sich diesem Druck entziehen – mit einem kleinen Trick.

- ✔ Aktivieren Sie in den Einstellungen (zu öffnen über das Kontextmenü) von WhatsApp den Punkt BENACHRICHTIGUNGEN|POPUP-BENACHRICHTIGUNG. Im Menü aktivieren Sie POPUPS IMMER ANZEIGEN (siehe Abbildung 3.9).

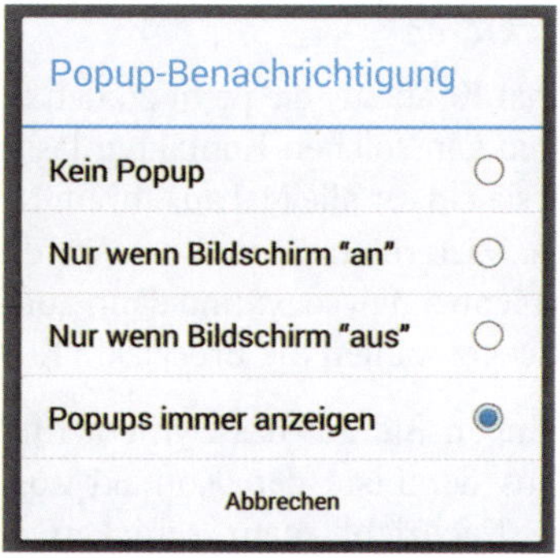

Abbildung 3.9: Popups anzeigen lassen

- ✔ Wenn sich WhatsApp-Nachrichten gesammelt haben, die Sie lesen möchten, ohne dass ein Zeitstempel angezeigt wird, aktivieren Sie auf Ihrem Smartphone den Offline-Modus, rufen WhatsApp auf und lesen die empfangenen Nachrichten. Weil keine Verbindung mit dem Internet besteht, wird auch keine Uhrzeit im Online-Status angezeigt.

Nachrichten mit Enter abschicken

Wenn Sie die Finger gerade munter über die Tastatur huschen lassen und Sie eine Nachricht absenden möchten, können Sie das auch bequem mit der Enter-Taste machen. Dazu müssen Sie die Option ENTER = SENDEN aktivieren. Sie gelangen über EINSTELLUNGEN|CHAT EINSTELLUNGEN zu dieser Option (siehe Abbildung 3.10).

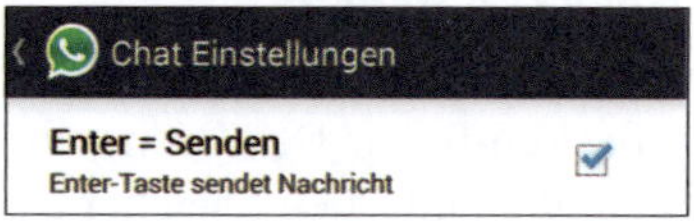

Abbildung 3.10: Nachrichten mit Enter absenden

Kontakte blockieren

Jeder Mensch hat Kontakte, die nicht zu den Lieblingen gehören! Nachrichten von solchen Kontakten lassen sich blockieren, sodass Sie sie ein für alle Mal aus Ihrem Nachrichtenempfang verbannen. Dazu rufen Sie in WhatsApp die Einstellungen auf, tippen im Menü auf ACCOUNT und dann auf DATENSCHUTZ. Im Fenster DATENSCHUTZ wählen Sie BLOCKIERTE KONTAKTE.

Oben rechts tippen Sie auf das Symbol für Ihre Kontakte und wählen aus der Liste den Kontakt aus, der Ihnen in Zukunft keine Nachricht mehr schicken darf. Um einen Kontakt wieder in den Kreis Ihrer nicht-blockierten Kontakte aufzunehmen, tippen Sie den Kontakt in der Liste der blockierten Kontakte an. Dann bestätigen Sie die Meldung »NAME« FREIGEBEN.

Um herauszufinden, ob Sie jemand blockiert, schreiben Sie eine Nachricht an den Kontakt und achten auf die Häkchen an der Chat-Box. Blockiert Sie der Kontakt, erscheint lediglich ein einziges Häkchen in der Chat-Box. Selbst wenn die Nachricht zugestellt wurde, erscheint kein zweites Häkchen neben der Nachricht. Auch wenn Sie eine neue Gruppe erstellen möchten und die Kontakte hinzufügen, bemerken Sie, ob ein Kontakt dabei ist, der Sie blockiert. Sie erhalten dann eine Fehlermeldung mit dem Text: KEINE RECHTE ZUM HINZUFÜGEN DIESES KONTAKTES.

Chatverlauf wiederherstellen

Prinzipiell erstellt WhatsApp automatisch jeden Morgen um 4.00 Uhr eine Backup-Datei. Der Ordner mit den Dateien kann entweder auf dem internen Speicher des Telefons oder auf der externen MicroSD-Karte liegen.

Falls ein Chat-Verlauf aus irgendeinem Grund verloren gegangen ist, können Sie die neuste Backup-Datei wieder herzustellen. Dazu müssen Sie WhatsApp löschen und dann erneut installieren. Während des Installationsprozesses werden Sie gefragt, ob der Nachrichtenverlauf wieder hergestellt werden soll. Hier wählen Sie dann natürlich WIEDERHERSTELLEN.

Abgesehen von dem automatischen Backup können Sie selbst jederzeit ein manuelles Backup machen. Öffnen Sie in WhatsApp die EINSTELLUNGEN|CHAT EINSTELLUNGEN. Im nächsten Fenster tippen Sie auf BACKUP CHAT-VERLAUF (siehe Abbildung 3.11).

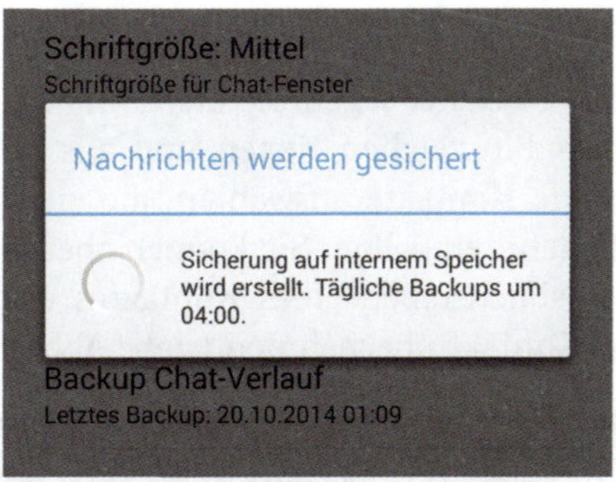

Abbildung 3.11: Chatverläufe sichern

Um sicherzugehen, dass Sie einen Chat-Verlauf nicht verlieren, können Sie den Verlauf auch per E-Mail versenden.

Dazu öffnen Sie die Einstellungen und tippen im Menü auf CHAT EINSTELLUNGEN. Dann tippen Sie auf CHAT PER E-MAIL SENDEN. Im Fenster CHAT AUSWÄHLEN tippen Sie den Chat an, den Sie senden möchten. Entscheiden Sie dann, ob Sie eventuell angehängte Medien ebenfalls mitschicken möchten. Zu guter Letzt tippen Sie auf E-MAIL oder GMAIL, geben die Mail-Adresse ein und tippen auf das Symbol für den Versand.

Broadcasting-Listen verwenden

Weihnachtsgrüße per WhatsApp an all Ihre WhatsApp-Kontakte einzeln zu verschicken, ist ein mühseliges Unterfangen (davon abgesehen, dass es ohnehin schönere Arten von Weihnachtsgrüßen gibt). Wenn Sie aber von hübschen Karten mit Engeln und Weihnachtsbäumen absehen und allen auf die Schnelle einen Gruß per WhatsApp zukommen lassen möchten, können Sie die Möglichkeit einer Broadcast-Liste nutzen. Sie finden die Option direkt in den Einstellungen.

- ✔ Tippen Sie im Kontextmenü auf NEUE BROADCAST LISTE.
- ✔ Im nächsten Fenster legen Sie die Kontakte fest, indem Sie auf das Pluszeichen tippen und aus der Liste der Kontakte die Kontakte auswählen, die zu Ihrer Broadcast-Liste gehören sollen. Sie können aber auch einfach die Anfangsbuchstaben eines Kontaktes eintippen und dann den Kontakt übernehmen (siehe Abbildung 3.12).

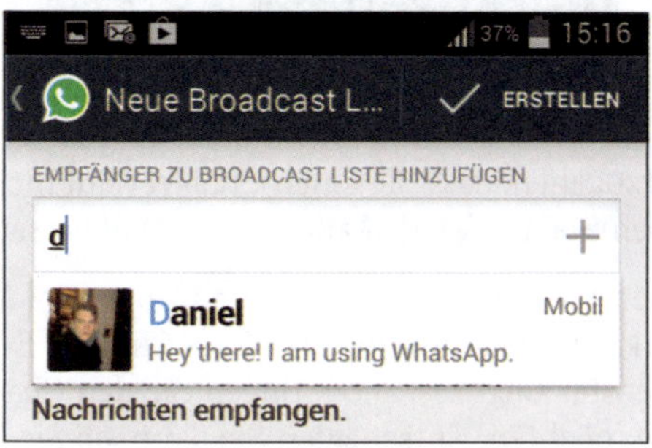

Abbildung 3.12: Einen Kontakt in die Broadcast-Liste aufnehmen.

✔ Die neue Liste bestätigen Sie mit ERSTELLEN. Wenn Sie über die Kontaktliste gegangen sind, müssen Sie zuvor auf FERTIG tippen.

Sie können auch so vorgehen: Verschicken Sie Ihre Nachricht einmal und kopieren Sie sie (indem Sie die Chatblase kurz gedrückt halten und auf das Symbol KOPIEREN am oberen Rand tippen). Dann tippen Sie auf das Symbol WEITERLEITEN und wählen die Kontakte aus, die die Nachricht erhalten sollen.

Seit einem Update von WhatsApp bedeuten die zwei blauen Häkchen in einer Chatblase, dass die Nachricht erhalten und tatsächlich auch gelesen wurde. Laut WhatsApp soll demnächst (zum Zeitpunkt der Drucklegung) ein neues Update verfügbar sein, bei dem man in den Einstellungen den »Gelesen-Status« nach Wunsch wieder deaktivieren kann.

Falsche Standorte verschicken

Wie Sie wissen, kann man mit WhatsApp nicht nur Texte versenden, sondern auch Bilder, Videos, Tonaufnahmen und zum Beispiel den aktuellen Standort verschicken. Um eine Wegbeschreibung zu erhalten, kann es natürlich praktisch sein, Ihren Standort an jemanden zu versenden, den Sie besuchen möchten. Aber auch ohne ausufernde Fantasie lassen sich Situationen vorstellen, in denen man den tatsächlichen Standort nicht übermitteln möchte, wenn Sie dazu aufgefordert werden. Diese Bitte kann man natürlich ausschlagen. Damit wiederum wirkt man verdächtig. Die Lösung: Sie versenden einen fingierten Standort.

- Dazu müssen Sie zunächst den Google-Standort deaktivieren. Das machen Sie in den EINSTELLUNGEN, auf dem S4 auf dem Tab OPTIONEN.
- Nun brauchen Sie den Menüpunkt EINSTELLUNGEN|ENTWICKLEROPTIONEN. Gut möglich, dass Sie den Punkt ENTWICKLEROPTIONEN zunächst nicht entdecken. Mit einem etwas merkwürdigen Schritt können Sie ihn herbeizaubern: Aktivieren Sie in den Einstellungen den Tab OPTIONEN und wählen Sie hier GERÄTEINFORMATIONEN. Dann tippen Sie sieben Mal auf den Eintrag BUILDNUMMER.
- Nun tippen Sie in den Einstellungen im Tab OPTIONEN auf ENTWICKLEROPTIONEN und setzen ein Häkchen bei der Option PSEUDOSTANDORTE ZULASSEN (siehe Abbildung 3.13).

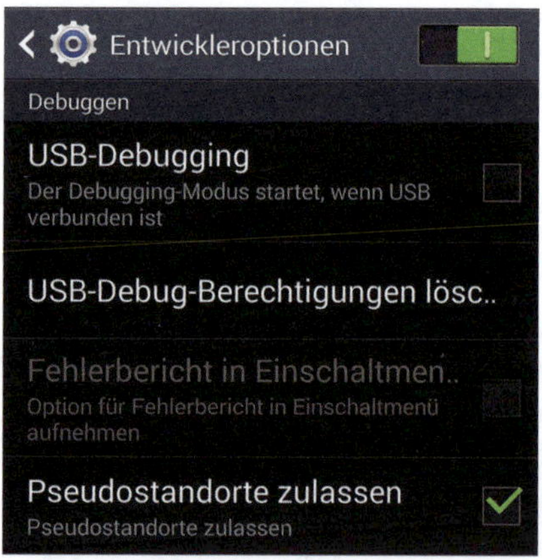

Abbildung 3.13: Lassen Sie Pseudostandorte zu.

Damit ist es noch nicht getan. Sie brauchen eine App, die »getürkte« Standorte generiert. Suchen Sie im Google Play

Store (zum Beispiel) nach der App *Fake GPS location* und installieren Sie sie (die App ist kostenlos).

Wenn Sie die App öffnen, erhalten Sie eine kleine Weltkarte mit einer Location-Nadel, zu sehen in der Abbildung 3.14.

Bewegen Sie die Landkarte nun so, dass der Standort, bei dem Sie gefunden werden möchten, durch die Nadel markiert wird.

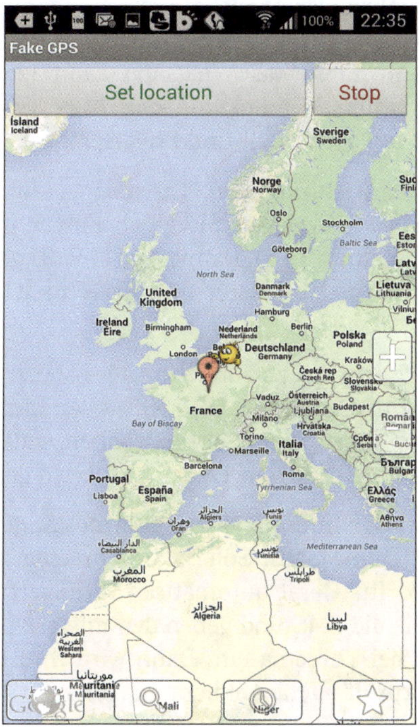

Abbildung 3.14: Legen Sie Ihren fingierten Standort fest.

Wenn Sie nun Ihren Standort per WhatsApp versenden, greift die App automatisch auf die festgelegte Position zu. Ziemlich raffiniert, oder?

Die sichere Messenger-Alternative: Threema

Wer sich den Risiken von WhatsApp nicht mehr aussetzen, aber trotzdem ähnlich bequem chatten möchte, kann zu Alternativen greifen. Eine Alternative zu WhatsApp ist *Threema*. Der Download der App ist allerdings nicht ganz kostenlos, sondern schmälert Ihren Geldbeutel um 1,60 Euro. Threema kann alles, was WhatsApp kann (zum Beispiel neben Nachrichten auch Sprachnachrichten versenden) und setzt explizit auf Sicherheit und Privatsphäre.

- ✔ Bei der Einrichtung von Threema erzeugen Sie ein Schlüsselpaar. Bewegen Sie einen Finger in dem Feld (siehe Abbildung 3.15). Damit wird eine ID generiert, die dann im nächsten Fenster Ihre Threema ID ist. Tippen Sie auf WEITER.
- ✔ Threema sucht im persönlichen Adressbuch nach anderen Threema-Benutzern. Sie können den Eintrag KONTAKTE SYNCHRONISIEREN aber auch ausschalten, sodass nicht automatisch nach anderen Threema-Nutzern gesucht wird.
- ✔ Nachdem Sie Ihre Handynummer bestätigt haben, erhalten Sie eine SMS. Sofern Sie Threema geöffnet haben, wird Ihr Gerät automatisch verifiziert. Ansonsten öffnen Sie die SMS und geben den mitgeschickten Code manuell bei Threema ein. Dann wird Ihre Handynummer überprüft (siehe Abbildung 3.16).

Abbildung 3.15: Erzeugen Sie ein Schlüsselpaar.

✔ Anschließend registrieren Sie sich mit Ihrer Mailadresse oder Telefonnummer, damit Sie für andere Threema-Benutzer, die Ihre Threema-ID ja nicht kennen, auffindbar sind.

Beim Austausch von Nachrichten, Fotos und Videos unterscheidet Threema zwischen drei unterschiedlichen Sicherheitsstufen. Die höchste Stufe erreichen Sie erst, nachdem beide Kontakte gegenseitig einen QR-Code in der App gescannt haben. Dies heißt konkret: Sie und der Kontakt scannen den jeweils angezeigten Code. Die Anzeige des Codes öffnen Sie, indem Sie auf das kleine i-Symbol rechts oben auf dem Threema-Bildschirm tippen. Für diese Aktion brauchen Sie natürlich einen Barcode-Scanner; eine entsprechende App können Sie sich kostenlos im Play Store besorgen, zum Beispiel den *QR Barcode Scanner*.

Abbildung 3.16: Die Threema-ID mit QR-Code

Da die Server von Threema sich ausschließlich in der Schweiz befinden, unterliegt die Firma dem schweizerischen Datenschutz. Threema bietet an, das eigene Adressbuch mit den Threema-Servern abzugleichen. Stimmt die Telefonnummer oder E-Mail-Adresse eines Kontakts im Adressbuch mit der Threema-Datenbank überein, wird die Kontakt-ID automatisch in die Threema-Kontaktliste eingefügt. Von den Kontaktdaten werden nur Prüfsummenwerte per SSL zum Server gesendet. Adressbuchdaten werden laut dem Hersteller nur im Arbeitsspeicher des Servers gehalten und nach der Prüfung auf bekannte Kontakte wieder gelöscht. Die Stiftung Warentest bewertete Threema im Februar 2014 als einzige von fünf getesteten Messenger-Apps als unkritisch in Sachen Datenschutz.

Telefonieren 4

In diesem Kapitel

- Klingeltöne auswählen
- Besondere Klingeltöne für einzelne Kontakte
- Anrufe mit Ablehnungsnachrichten beantworten
- Kurzwahlen für Kontakte
- Telefonieren mit Skype
- Videokonferenzen mit Hangouts

Handys waren früher in erster Linie Telefone für unterwegs. Rasant haben sie sich zu den heutigen Smartphones entwickelt, für die das Telefonieren nur eine Funktion unter vielen anderen ist. Im Folgenden ein paar Tipps zum Telefonieren für Fortgeschrittene.

Klingeltöne anpassen

Wenn Sie bei einem eingehenden Anruf jedes Mal zusammenzucken, liegt das vielleicht an dem aktuellen Klingelton (oder vielleicht auch daran, dass Sie einen unangenehmen Anruf von Ihrem Steuerberater erwarten).

Um einen anderen Klingelton auszuwählen, öffnen Sie die Telefon-App und wählen im Kontextmenü den Befehl ANRUFEINSTELLUNGEN. Alternativ können Sie auch über EINSTELLUNGEN|MEIN GERÄT gehen und hier auf ANRUFEINSTELLUNGEN tippen. Dann tippen Sie auf KLINGEL- UND TASTENTÖNE|KLINGELTÖNE. Auf dem S5 öffnen Sie in der Telefon-App das Overflow-Menü (die drei Punkte) und tippen auf EINSTELLUNGEN|ANRUF|-KLINGEL- UND TASTENTÖNE.

Sie erhalten dann eine Auswahl diverser Klänge und Töne. Zum Reinhören tippen Sie die Einträge einfach an. Dann aktivieren Sie den Klingelton, der Ihnen am besten gefällt (siehe Abbildung 4.1).

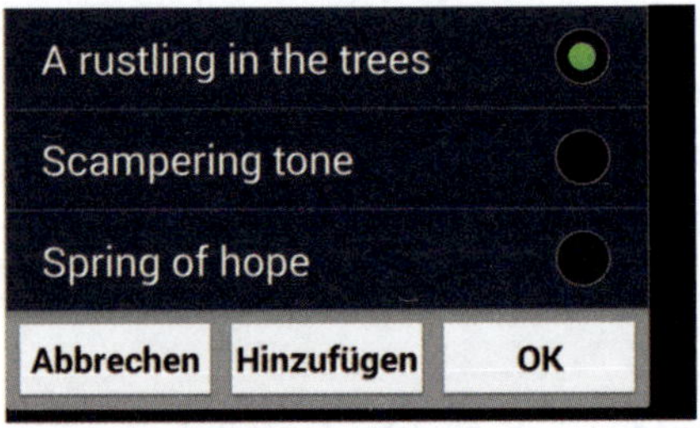

Abbildung 4.1: Einen Klingelton auswählen

Sie können sich aber auch einen Klingelton aus Ihrer eigenen Musikbibliothek auswählen. Dazu tippen Sie im Fenster mit den Klingeltönen auf HINZUFÜGEN. Damit gelangen Sie in die Musik-App, in der Ihre Titel gespeichert sind.

Personalisierte Klingeltöne

Um schon durch den Klingelton zu wissen, dass es wieder mal die Schwiegermutter ist, die anruft, können Sie einzelnen Kontakten bestimmte Klingeltöne zuweisen. Dazu öffnen Sie die Kontakte und die Details zu dem entsprechenden Kontakt, indem Sie den Kontakteintrag antippen. In den Details scrollen Sie bis zu dem Punkt KLINGELTON und tippen auf den Eintrag STANDARD (siehe Abbildung 4.2). Sollten Sie den Eintrag KLINGELTON nicht unter den Details finden, tippen Sie auf das Symbol BEARBEITEN (den Stift).

Im nächsten Fenster wählen Sie dann den Klingelton, den Sie hören möchten, wenn dieser Kontakt anruft.

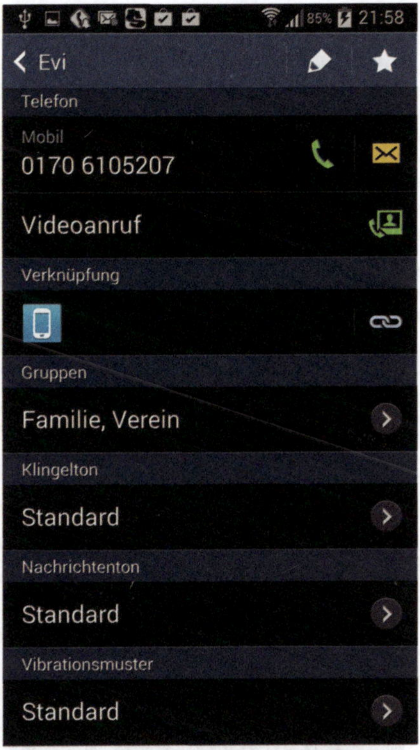

Abbildung 4.2: Einen besonderen Klingelton für einen Kontakt festlegen

Die Zuordnung von Klingeltönen funktioniert nur, wenn sich die Kontakte auf dem Handy und nicht auf der SIM-Karte befinden.

Ablehnungsnachrichten nutzen/erstellen

Bei einem Anruf haben Sie natürlich immer die Option, ihn abzulehnen oder einfach zu ignorieren. Freundlicher ist es, dem Anrufer eine kurze Nachricht zukommen zu lassen, die erklärt, warum Sie den Anruf gerade nicht annehmen. Solche Nachrichten stehen schon fertig für Sie parat.

Tippen Sie bei einem eingehenden Anruf auf den Text ANRUF MIT NACHRICHT ABWEISEN unten am Bildschirm.

Sie erhalten dann eine Liste von Nachrichten, aus der Sie sich eine passende auswählen können, zum Beispiel »Ich fahre gerade«. Tippen Sie die gewünschte Nachricht an (siehe Abbildung 4.3).

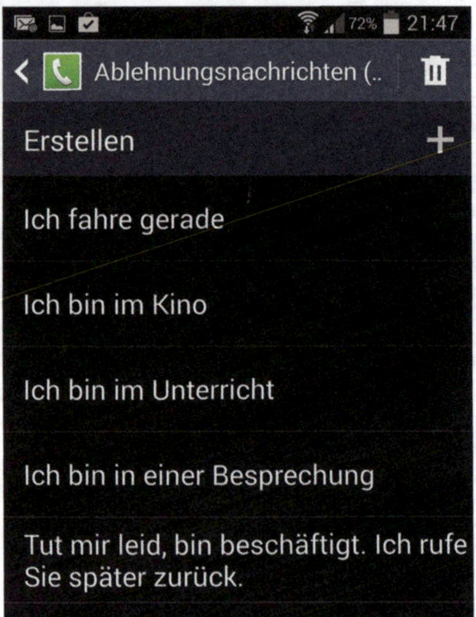

Abbildung 4.3: Ablehnungsnachrichten

Diese Liste können Sie auch selbst erweitern. Dazu öffnen Sie in der Telefon-App das Kontextmenü, wählen im Menü Anrufeinstellungen und dann Nachrichten zum Ablehnen von Anrufen einrichten. Auf dem S5 öffnen Sie das Overflow-Menü und gehen weiter über Einstellungen|Anruf|Anruf ablehnen|Nachrichten zum Ablehnen von Anrufen einrichten. Im Fenster Ablehnungsnachrichten tippen Sie auf das Pluszeichen beziehungsweise auf Erstellen.

Im nächsten Fenster geben Sie den Text der Ablehnungsnachricht ein und tippen auf Speichern (siehe Abbildung 4.4).

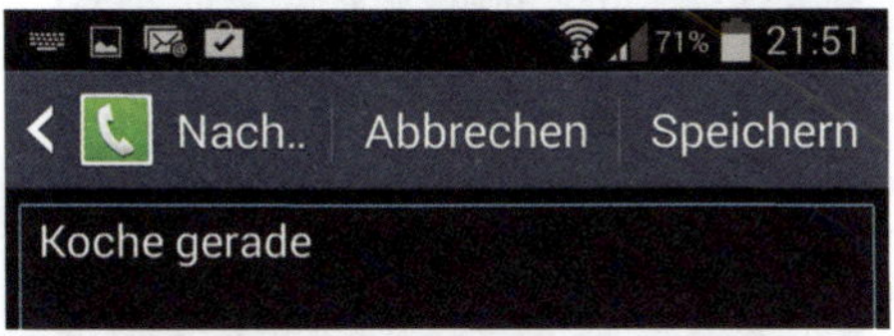

Abbildung 4.4: Eine neue Ablehnungsnachricht erstellen

Allerdings darf die Liste nicht mehr als sechs Texte beinhalten. Da die Liste bereits fünf Standardtexte enthält, können Sie zunächst nur einen neuen Text erstellen. Möchten Sie weitere eigene Meldungen erstellen, müssen Sie zuvor andere Texte löschen.

Kurzwahleinstellungen

Sicherlich gibt es Menschen, die Sie sehr häufig anrufen. Mit einer Kurzwahl geht das im Nu: Sie weisen Kontakten in Ihrem Adressbuch eine Zahl von 2 bis 9 zu. Dann reicht es, einfach diese Zahl zu drücken, um Ihren Lieblingskontakt anzurufen.

Um eine solche Kurzwahl zuzuweisen, tippen Sie im Kontextmenü der Telefon-App auf KURZWAHLEINSTELLUNGEN. Auf dem S5 tippen Sie auf das Overflow-Symbol und dann auf KURZWAHL. Sie erhalten dann ein Tastenfeld. Die 1 ist in der Regel für die Mailbox reserviert, tippen Sie also beispielsweise auf die 2. Dies öffnet die Liste all Ihrer Kontakte, aus der Sie den Kontakt auswählen. Das war's (siehe Abbildung 4.5).

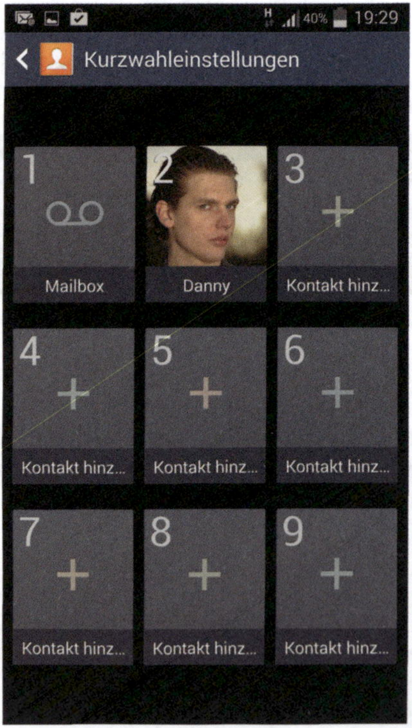

Abbildung 4.5: Eine Kurzwahl zuweisen

Um eine Kurzwahl zu entfernen, halten Sie den Kontakt mit der Kurzwahl etwas länger gedrückt und wählen im Menü ENTFERNEN.

Skypen Sie doch einfach!

Mit *Skype* telefonieren Sie über das Internet kostenlos mit anderen Skype-Teilnehmern im In- und Ausland. Neben diesem kostenlosen Service erlaubt Skype gegen entsprechende Bezahlung auch das Telefonieren mit »normalen« Festnetzanschlüssen und Mobilnummern. Praktisch: Wenn Sie bereits über ein Konto bei Facebook oder Microsoft (Live Messenger, Hotmail oder outlook.com) verfügen, können Sie sofort skypen – eine separate Registrierung ist nicht notwendig.

Wie andere Apps erhalten Sie auch Skype im Google Play Store. Die Android-Version auf Ihrem Gerät wird automatisch erkannt, sodass nur die Versionen von Skype angezeigt werden, die auf Ihrem Telefon verwendet werden können.

Nachdem Sie die App installiert und geöffnet haben, erscheint während des Ladevorgangs zunächst der himmelblaue Startbildschirm mit dem Skype-Logo. Im Anschluss bekommen Sie den Anmeldebildschirm mit der entsprechenden Eingabemaske für Ihren Skype-Namen und Ihr registriertes Kennwort präsentiert. Hier loggen Sie sich einfach mit Ihrem Facebook- oder Microsoft-Benutzerkonto ein oder Sie legen einen kostenlosen Skype-Account an.

Zum Skypen mit anderen Skype-Nutzern brauchen Sie deren Skype-Namen, den Sie ganz klassisch erfragen müssen. Um diesen Kontakt dann über Skype anzurufen, öffnen Sie auf dem Startbildschirm von Skype das Kontextmenü und tippen im Menü auf KONTAKTE HINZUFÜGEN.

Im nächsten Textfeld geben Sie den Skype-Namen ein und wählen ihn dann aus der Liste aus. Falls Sie den Namen nicht kennen, können Sie es auch mit drei oder vier Anfangsbuchstaben probieren, aber die Liste ist dann oft zu lang und es bleibt unklar, ob der richtige Name dabei ist. Auf der sicheren Seite sind Sie von daher, wenn Ihnen der Skype-Name bekannt ist (siehe Abbildung 4.6).

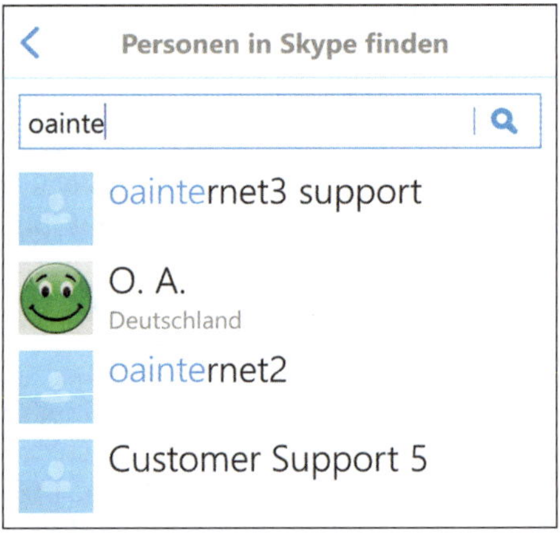

Abbildung 4.6: Skype-Kontakte anrufen

Tippen Sie dann einfach auf das Telefonsymbol unten rechts. Videoanrufe gehen natürlich auch. Tippen Sie statt des Telefonsymbols auf das Videosymbol links unten (siehe Abbildung 4.7).

Abbildung 4.7: Einen Anruf oder Videoanruf starten

Der Kontakt erhält dann einen Bildschirm mit einem grünen und roten Telefonsymbol zum Annehmen oder Ablehnen des Anrufs. Auf dem Bildschirm Ihres Geräts sehen Sie den Skype-Namen, eventuell ein Foto, das der Kontakt seinem Profil zugeordnet hat und eine rote Schaltfläche mit einem Telefonsymbol, mit dem Sie den Anruf beenden können.

Sie erreichen Ihren Skype-Kontakt nur, wenn dieser online ist und als Status VERFÜGBAR eingestellt hat. Aber er muss Skype nicht aktuell aufgerufen haben. Das gilt natürlich auch für Ihre Erreichbarkeit. Das Menü mit VERFÜGBAR und ALS OFFLINE ANZEIGEN öffnen Sie auf der Startseite von Skype über das kleine Symbol mit dem Gesicht im Kreis oben in der rechten Wolke (siehe Abbildung 4.8).

Alle Personen, mit denen Sie skypen, landen automatisch im Register KONTAKTE, das Sie oben rechts neben KONVERSATIONEN und FAVORITEN finden (siehe Abbildung 4.8). Über die hier gesammelten Kontakte können Sie dann direkt die Anrufe starten.

Falls Sie mit jemandem kommunizieren möchten, der Skype nicht nutzt, können Sie Skype auch als normales Telefon nutzen und eine Handy- oder Festnetznummer anrufen. Dazu benötigen Sie allerdings ein Guthaben auf Ihrem Skype-Konto. Falls Sie es aufladen möchten, tippen Sie auf dem Skype-Bildschirm auf das Profil-Symbol und dann auf KONTO.

Abbildung 4.8: Auf dem Register »Kontakte« werden Ihre Skype-Kontakte gesammelt.

Für einen »normalen« Anruf tippen Sie auf dem Startbildschirm von Skype auf das Hörersymbol links unten. Sie erhalten dann ein Tastenfeld zur Eingabe der Nummer. Achten Sie auch auf den kleinen Pfeil über dem Tastenfeld (+49), mit dem Sie eine Liste der Länder mit internationalen Vorwahlen öffnen, die Sie für Anrufe aus dem Ausland brauchen (und bei Festnetzanrufen auch für Anrufe ins Ausland). Nach der Eingabe tippen Sie auf das Telefonsymbol.

Videotelefonie mit Hangouts

Google Hangouts gehört unter Android zur »Chat-Grundausstattung«. Sofern Sie genügend Freunde und Bekannte haben, die auch Hangouts nutzen, ist Hangouts ein empfehlenswerter Messenger-Dienst aus dem Hause Google, der das ehemalige Google Talk ersetzt. Sie können mit der App – versteht sich von selbst – Nachrichten versenden, aber auch kostenlose Anrufe und Videoanrufe tätigen, sogar mit einer Gruppe von bis zu zehn Teilnehmern. Hangouts funktioniert übrigens auch prima auf PCs und Tablets; Sie nutzen dafür einfach Ihr Gmail-Konto in Ihrem Browser.

Die Kontakte, mit denen Sie über Hangouts kommunizieren möchten, müssen Sie zunächst explizit einladen.

- ✔ Aktivieren Sie das Register Kontakte, indem Sie auf das kleine Symbol für die Kontakte tippen (siehe Abbildung 4.9).

Abbildung 4.9: Das Register »Kontakte«

- ✔ Tippen Sie in der Liste dann auf den Kontakt, den Sie per SMS zu Hangouts einladen möchten.
- ✔ Nachdem der Kontakt diese Einladung angenommen hat, gehört er zu Ihren Hangouts-Kontakten, mit denen Sie kommunizieren können. Neben dem Kontakteintrag taucht das kleine Hangouts-Symbol auf.

Um einen Hangouts-Kontakt anzurufen, wählen Sie den Kontakteintrag aus. Dann tippen Sie auf das Telefonsymbol oben rechts, für einen Videoanruf auf das Videosymbol.

Der Clou sind Gruppenunterhaltungen. Dazu legen Sie als Erstes die Teilnehmer der Gruppe fest – Sie und jeder andere können auch während der Unterhaltung Teilnehmer mit hinzunehmen – und dann haben Sie die Möglichkeit, einen Gruppenchat, einen Gruppenanruf oder eine Videokonferenz zu starten.

- ✔ Wählen Sie einen Hangouts-Kontakt aus und tippen Sie im Kontextmenü auf NEUE GRUPPENUNTERHALTUNG. Nach der ersten Gruppenunterhaltung taucht auch die Schaltfläche NOCH JEMAND neben dem Namen des Hangouts-Kontakts auf, sodass Sie auch hierüber einen Gruppenanruf starten können, zu sehen in der Abbildung 4.10.

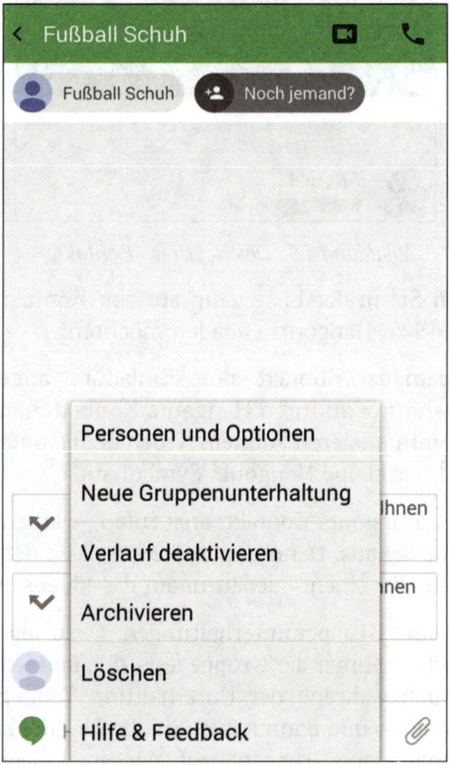

Abbildung 4.10: Eine Gruppenunterhaltung starten

- In Ihrer Kontaktliste wählen Sie die Personen aus, die an der Gruppenunterhaltung teilnehmen sollen und bestätigen die Auswahl mit OK unten rechts.
- Tippen Sie wie gewohnt auf das Telefonsymbol beziehungsweise für eine Videokonferenz auf das Kamerasymbol. Unten am Bildschirm befindet sich das Textfeld, um einen Text an die Gruppe zu schicken.
- Jeder der Teilnehmer der Gruppe erhält den (Video)Anruf, den er annehmen oder ablehnen kann. Dazu muss Hangouts nicht aktiv geöffnet sein.

Von den Kontakten, die den Anruf annehmen, tauchen dann die Videobilder auf dem Bildschirm auf. Jeder Teilnehmer kann aber auch das Video ausschalten, indem er in der unteren Bedienleiste das Kamerasymbol durch Antippen deaktiviert. Diese Bedienleiste neigt übrigens dazu, zugunsten eines Vollbildes zu verschwinden, das nur die Videoaufnahmen zeigt. Durch Antippen des Bildschirms holen Sie sie wieder hervor.

- Jeder Teilnehmer kann einen weiteren Hangouts-Kontakt zu der Konferenz einladen. Dazu dient das Symbol TEILNEHMER HINZUFÜGEN oben rechts am Bildschirm.
- Jeder Teilnehmer kann das Gespräch für sich beenden und aus dem Gespräch aussteigen, indem er auf die rote Ende-Taste in der Bedienleiste tippt. Es taucht dann eine für alle sichtbare kurze Meldung auf, dass der Teilnehmer XY das Gespräch verlassen hat.

Kontakte mit dem Smartphone managen

5

In diesem Kapitel

- Kontakte mit Bildern
- Kontakte Gruppen zuordnen
- Outlook-Kontaktdaten per *MyPhoneExplorer* importieren

Auf Samsung-Smartphones heißt das Adressbuch traditionell – sofern man im Zusammenhang mit den modernen Kommunikationsmitteln schon von Tradition sprechen darf – *Kontakte*. Sie finden diese App nicht nur auf dem Home-Bildschirm, auch über die Telefon-App können Sie auf die Kontakte zugreifen; hier tippen Sie auf das Register KONTAKTE.

Im Unterschied zu einem normalen Adressbüchlein ist das Adressbuch Ihres Smartphones eventuell von Anfang an vollgepackt mit Kontakten, weil Ihr Google-Konto beim Einrichten des Smartphones synchronisiert wurde. Und wenn Sie andere soziale Netzwerke oder Konten nutzen, werden auch diese Kontakte angezeigt.

Scrollen Sie mit einer Wischbewegung durch die Liste. Schauen Sie einmal genau hin: Ganz rechts gibt es einen Index. Durch Antippen eines Buchstabens hüpfen Sie direkt zu den Einträgen, die mit diesem Buchstaben beginnen.

Kontakte mit Bild

Sie können jedem Kontakt ein Foto zuordnen – oder nach Belieben jedes andere Bild, das Sie mit dem Kontakt verbinden möchten! Am einfachsten ist das, wenn Sie bereits passende Fotos in der Galerie-App gespeichert haben. Generell machen Sie Folgendes:

- ✔ Tippen Sie auf den Eintrag des Kontakts und dann auf die Bildschablone.
- ✔ In dem Menü, das erscheint, tippen Sie auf BILD. Dies öffnet die Galerie.
- ✔ Öffnen Sie durch Antippen den Ordner, in dem das gesuchte Foto liegt, und wählen Sie das Foto aus. Sie werden dann gefragt, mit welcher App Sie den Vorgang abschließen möchten (Bild/Foto zuschneiden). Tippen Sie hier am besten auf die Option NUR EINMAL.
- ✔ Sie erhalten dann ein Rechteck, das Sie vielleicht von der Bildbearbeitung am Computer kennen. Sie können es mit gedrücktem Finger auf den gewünschten Ausschnitt verschieben und/oder an den Ziehecken verkleinern/vergrößern. Diesen Vorgang schließen Sie mit dem Befehl FERTIG ab.

Gleich darauf sehen Sie den Erfolg der Aktion.

Sofern Sie noch kein Foto des Kontakts haben, können Sie ad hoc eins mit der Kamera des Smartphones machen. Das setzt natürlich voraus, dass der Kontakt in Ihrer Nähe ist.

Kontakte Gruppen zuordnen

Als Mensch mit einem großen Freundes- und Bekanntenkreis haben Sie natürlich in Nullkommanichts eine Menge Kontakte in Ihrem Adressbuch. Die Liste wird also sehr unübersichtlich. Wenn Sie es leid sind, immer die komplette Liste vor Augen zu haben, bilden Sie Gruppen.

Um eine neue Gruppe zu erstellen, aktivieren Sie in der Kontakte-App den Tab Gruppen und öffnen über die Sensortaste das Kontextmenü. Hier tippen Sie auf Erstellen. Auf dem S5 tippen Sie in der Kontakte-App auf das Gruppensymbol (die zwei Köpfe) und dann auf das Pluszeichen.

Im nächsten Fenster geben Sie der Gruppe einen Namen und speichern die Gruppe mit der Schaltfläche Speichern oben rechts. Danach taucht die Gruppe in der Liste der Kontakte auf (wechseln Sie also wieder zum Tab Kontakte).

Um einzelne Kontakteinträge einer Gruppe zuzuordnen, tippen Sie auf den Kontakteintrag, um die Details zu öffnen, und dort auf Nicht zugewiesen (siehe Abbildung 5.1).

Abbildung 5.1: Den Kontakt einer Gruppe zuordnen

Dann wählen Sie die Gruppe aus, der Sie den Kontakt zuordnen möchten und tippen auf Speichern.

Kontakte, die Sie Gruppen zuordnen, verschwinden nicht aus der Liste der Kontakte, die Liste bleibt so lang wie sie vorher war. Aber Sie können mithilfe von Gruppen schneller durch Ihre Kontakte scrollen. Sie aktivieren einfach den Tab GRUPPEN und öffnen die jeweilige Gruppe, wo dann nur die Kontakte angezeigt werden, die Sie in diese Gruppe gepackt haben.

Kontakte importieren

In Ihrem E-Mail-Programm sind jede Menge Kontakte gespeichert, die Sie über die Jahre gesammelt haben. Diese Kontaktdaten können Sie von Ihrem Computer auf das Android-Smartphone importieren. Dies ist vermutlich der schnellste Weg, das Adressbuch Ihres Smartphones zu füllen.

Einen bequemen Weg für die Übertragung von Outlook-Kontaktdaten bieten spezielle Programme, zum Beispiel *MyPhoneExplorer*, das Sie kostenlos auf Ihren PC downloaden können. Dieses kleine Programm funktioniert sehr gut.

Damit die Übertragung klappt, müssen Sie sicherstellen, dass im Handy die Einstellung USB-DEBUGGING aktiviert ist, die Sie über EINSTELLUNGEN|OPTIONEN|ENTWICKLEROPTIONEN finden. Die Option ENTWICKLEROPTIONEN müssen Sie eventuell erst anzeigen lassen; dies geht über EINSTELLUNGEN|OPTIONEN|GERÄTEINFORMATIONEN|BUILDNUMMER 7-mal antippen.

Nach der Installation des Programms öffnen Sie es und verbinden das Galaxy mit Ihrem PC/Laptop. Sofern die Kontakte, die Sie im Adressbuch des Smartphones gesammelt haben, nicht automatisch in *MyPhoneExplorer* angezeigt werden, klicken Sie auf DATEI|VERBINDUNG.

Wenn Sie nur die Kontakte exportieren möchten, die Sie in Outlook angelegt haben, klicken Sie auf DATEI|EINSTELLUNGEN. Aktivieren Sie im Dialog EINSTELLUNGEN den Punkt SYNCHRONISIERUNG und öffnen Sie das Menü SYNCHRONISIEREN MIT. Hier wählen Sie OUTLOOK (siehe Abbildung 5.2).

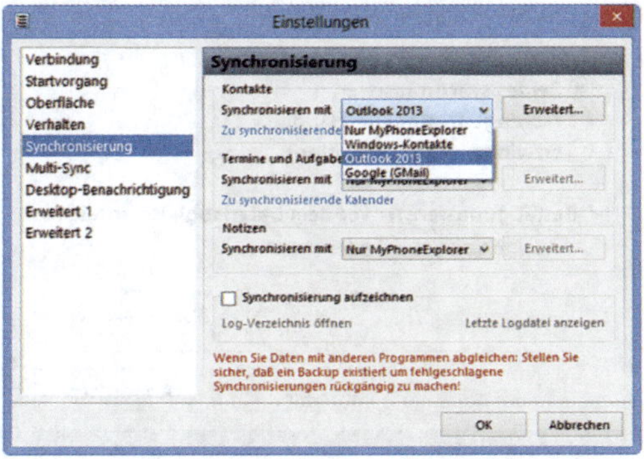

Abbildung 5.2: Wählen Sie hier die Kontakte zum Synchronisieren.

Um sicherzustellen, dass Sie keine Kontakte verlieren, weil Sie versehentlich in die falsche Richtung synchronisieren lassen, klicken Sie auf die Schaltfläche ERWEITERT und wählen als SYNCHRONISIERMODUS die Option BEIDES SYNCHRONISIEREN (Abbildung 5.3). Dies sorgt dafür, dass das Adressbuch des Galaxy und Ihre Outlook-Kontakte synchron sind. Bestätigen Sie mit OK.

Damit Sie keine Daten verlieren, empfiehlt es sich, sicherheitshalber ein Backup Ihrer Daten zu erstellen. Dies machen Sie über EXTRAS|SICHERUNG ERSTELLEN. Auf diese Weise wird eine mpb-Datei erstellt.

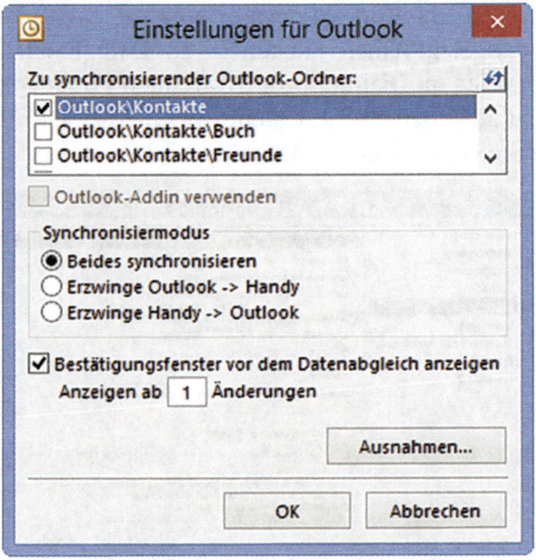

Abbildung 5.3: Stellen Sie den Synchronisiermodus ein.

Bestätigen Sie auch diese Einstellungen mit OK. Zurück im Hauptfenster klicken Sie auf das Symbol SYNCHRONISIEREN. Dann erscheint ein Dialog, in dem Sie nochmals genau auswählen können, welche Kontakte Sie jeweils übertragen möchten. Klicken Sie dann auf OK.

Werfen Sie nun einen Blick in Ihre Kontakte auf dem Galaxy. Alle Outlook-Kontakte befinden sich nun in Ihrem Adressbuch. In Outlook entdecken Sie gegebenenfalls neue Kontakte, die auf Ihrem Handy gespeichert waren.

Spielereien mit der Kamera 6

In diesem Kapitel

- Den passenden Modus für die Aufnahmen wählen
- Die unterschiedlichen Modi
- Fotoserien mit Drama-Shots
- Bilder mit der Dualkamera
- Screenshots

Wer sein Galaxy gern als Kamera nutzt – und das sind wohl die meisten Galaxy-Besitzer – wird sich über eine Neuerung des Galaxy S5 besonders freuen: Im S5 kommt ein neuer Kamerasensor zum Einsatz, der *Isocell-Sensor*, eine Eigenentwicklung von Samsung. Hinter dem Isocell-Sensor verbirgt sich eine neue Technik, die vor allem für Lowlight-Aufnahmen, also Aufnahmen bei geringer Helligkeit, bessere Ergebnisse verspricht. Aber unter einigermaßen guten Lichtverhältnissen sind auch die Fotos, die man mit dem S4 schießt, mit ihrer Auflösung von 13 Megapixeln rundum zufriedenstellend, insbesondere, wenn Sie die richtigen Einstellungen wählen. Dazu in diesem Kapitel ein paar Hinweise.

Die 13 Megapixel sind standardmäßig nicht ausgewählt, sondern stattdessen die größtmögliche Auflösung im 16:9 Format mit 4128×2322 Pixeln (zu überprüfen in den Einstellungen der Kamera, die Sie über das Zahnrad-Symbol öffnen).

Den passenden Modus wählen

Standardmäßig ist auf Ihrem Galaxy als Modus AUTO eingestellt, also ein Modus, in dem die Kamera den optimalen

Modus (Belichtungszeit und Blende) selbstständig einstellt. Aber Sie können für Ihre Aufnahmen und je nach Gegebenheit auch spezielle Modi wählen, die vielleicht besser zum Bildobjekt passen. Das S5 hat noch mehr Modi an Bord als sein Vorgängermodell.

Im Automatik-Modus lässt sich auch der Burst-Modus verwenden. Halten Sie den Auslöser einfach länger gedrückt; es werden dann bis zu zwanzig Bilder in wenigen Sekunden aufgenommen, die alle in der Galerie gespeichert werden.

Auf dem S4 finden Sie die verschiedenen Modi, indem Sie in der Kamera-App einfach auf den Button Modus tippen. Einige Modi stelle ich Ihnen kurz vor:

- Schönes Portrait: Hautunreinheiten und Ähnliches sollen bei Aufnahmen mit diesem Modus verschwinden. Leider lässt sich die Intensität nicht einstellen, sodass die Gefahr besteht, dass das Foto sehr retuschiert und künstlich wirkt. Wenn ein Airbrush-Effekt gewollt ist, ist dieser Modus ideal. Allerdings müssen Sie auch darauf achten, dass sich die Kamera nicht zu dicht am Objekt befindet.

- Bestes Foto: Es werden automatisch acht Aufnahmen kurz hintereinander gemacht. Nach der Aufnahme wischen Sie von links nach rechts durch die angezeigten Miniaturfotos. Ihr Galaxy schlägt automatisch das beste Foto vor, zu erkennen an einer kleinen Krone. Gespeichert wird nur das Foto, das Ihr Galaxy krönt.

- Panorama: Die Möglichkeit kennen Sie vielleicht von Bildbearbeitungsprogrammen: Mehrere Aufnahmen ergeben zusammen ein Panoramabild. Aber mit dem Galaxy puzzeln Sie das Panorama-Bild nicht nachträglich zusammen, sondern machen es direkt mit einer einzigen Aufnahme. Für perfekte Ergebnisse müssen Sie Ihr Galaxy S4 so gut wie möglich auf einer Höhe halten und den Standort nicht wechseln, während Sie die Kamera langsam in eine Richtung schwenken. Zum Beenden drücken Sie auf die Stopp-Taste.

✔ ANIMIERTES FOTO: Mit diesem Modus können Sie ein animiertes Foto kreieren. Das Ganze funktioniert so: Erst nimmt die Kamera ein bis zu 5 Sekunden langes Video auf. Dann wird Ihnen das Video präsentiert. Sie können es nun direkt als animiertes Foto im `gif`-Format speichern (dazu nutzen Sie das Symbol ganz rechts oben), oder es zuvor noch manipulieren, zum Beispiel bestimmte Bereiche einfrieren, sodass an diesen Stellen keine Bewegung stattfindet. Dazu markieren Sie diesen Bereich, indem Sie auf das Symbol mit dem Würfel und dem Pinsel (das dritte von rechts) tippen und dann mit dem Finger über diesen Bereich wischen (in der Abbildung 6.1 ist der linke graue Bereich markiert). In dem gespeicherten Bild sind diese Bereiche dann unbewegt, die anderen Bereiche bleiben wie im ursprünglichen Video bewegt.

Mit der Option ZUSCHNEIDEN können Sie das Video kürzen. Ziehen Sie zum Abschneiden von Sequenzen am Anfang des Videos den Balken ganz links unten im Storyboard nach rechts oder zum Abschneiden am Ende den Balken ganz rechts nach links (siehe Abbildung 6.2).

Abbildung 6.1: Teile des Bilds (Videos) markieren

Abbildung 6.2: Sie können das Video zuschneiden.

Beachten Sie bei diesem Modus, dass das Resultat kein Video ist, das alles, was Sie aufnehmen, »bewegt« wiedergibt. Erstens ist das Video auf höchstens 5 Sekunden begrenzt und zweitens müssen Bewegungen auch tatsächlich erkannt werden, ansonsten bleiben die Motive statisch. Am besten, Sie experimentieren mit dem Modus und schauen sich die Ergebnisse an. Wenn Sie den Dreh erst einmal raushaben, können die Bilder lustig und überraschend sein. Allerdings ist die Bearbeitung, also zum Beispiel die Markierung zum Einfrieren bestimmter Bereiche, nicht ganz einfach; es klappt am besten, wenn die Objekte/Motive sich bei der Aufnahme nicht von A nach B bewegen, sondern an Ort und Stelle bleiben.

Animierte Fotos können nur auf Geräten gezeigt werden, die das `gif`-Format unterstützen. Wenn Sie ein solches Foto auf Ihren PC kopieren, können Sie es im Browser betrachten, wo es bei einem Doppelklick auf das Foto standardmäßig geöffnet wird. In einem Foto-Viewer wird es lediglich als normales Standfoto präsentiert.

- HDR (High-Dynamic-Range): Bilder werden durch mehrere unterschiedlich belichtete Bilder zu einem Bild zusammengerechnet. Im HDR-Modus werden dunkle Bereiche künstlich aufgehellt, helle Bereiche erscheinen etwas dunkler. Der Modus eignet sich für Motive mit vielen hellen, aber auch sehr dunklen Bereichen.
- Sport: Dieser Modus eignet sich für Aufnahmen von Objekten in Bewegung. Er löst sofort aus und verzögert danach leicht. Die Bilder werden bei moderaten Bewegungen tatsächlich etwas schärfer als ohne den Modus.

- Best Face: Mit Best Face macht das Galaxy insgesamt fünf Bilder und setzt dann einen Rahmen um jedes Gesicht im Foto. Wenn Sie den Rahmen antippen, erscheinen fünf Miniansichten des Gesichts. Mit der Krone wird das beste Foto vorgeschlagen, das Sie durch Antippen auswählen können (siehe Abbildung 6.3). Dann tippen Sie den nächsten Rahmen an und wählen wieder das gekrönte Bild aus. Auf diese Weise puzzeln Sie sich quasi das optimale Gruppenbild zusammen. Zu guter Letzt speichern Sie das Foto mit dem Speichersymbol oben rechts auf dem Bildschirm.

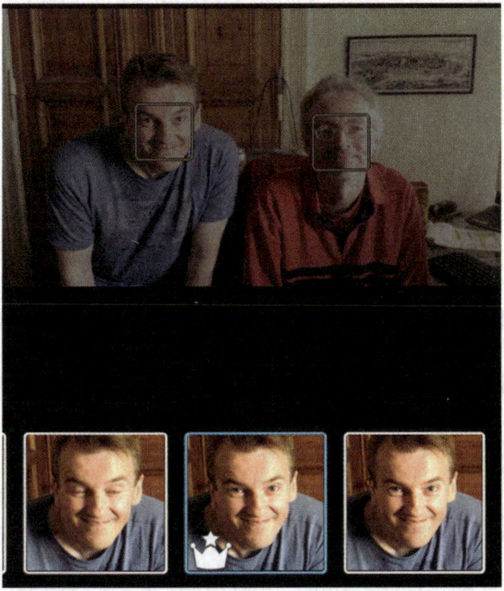

Abbildung 6.3: Das beste Gesicht wird gekrönt.

- ✔ Nachtmodus: Im LLS-Modus (LLS steht für Low Light Shot) wird ein Algorithmus eingesetzt, der Rauschen auf ein erträgliches Niveau bringt. Im Detail macht sich dort leider die Schwäche der Automatik bemerkbar (siehe Abbildung 6.4).

Abbildung 6.4: Ein im Nachtmodus aufgenommenes Foto

Was Sie mit dem Modus Drama machen können, wird im nächsten Abschnitt gesondert beschrieben.

Die Kamera-App des Galaxy S5 fasst eine Reihe der Modi in einer einzigen Ansicht mit dem Namen Shot & More zusammen.

- ✔ Zunächst aktivieren Sie den Modus Shot & More|OK. Tippen Sie dann auf das Kamera-Symbol, um eine Reihe von Fotos zu machen.

- ✔ Sobald die Fotos gespeichert sind, erscheinen die Optionen für SHOT & MORE.
- ✔ Sie finden hier unter anderem BESTES FOTO, SPORT UND DRAMA AUFNAHME (SHOT), RADIERER und SCHWENKEN.

Neben den hier gesammelten Modi hat das S5 den Modus VIRTUELLE TOUR an Bord. Dieser Modus eignet sich für eine virtuelle Tour durch die Umgebung. Sie bewegen die Kamera und machen Aufnahmen aus verschiedenen Kamerawinkeln. Auf diese Weise entsteht eine Art 3D-Effekt.

- ✔ Zur Aufnahme platzieren Sie den Objektsucher in die Mitte des weißen Kreises.
- ✔ Halten Sie das Gerät ruhig, bis die Aufnahme gemacht ist.
- ✔ Bewegen Sie die Kamera nach vorn, nach hinten, links oder rechts, um die nächsten Aufnahmen zu machen.
- ✔ Tippen Sie auf das Stopp-Symbol, wenn Sie die gewünschte Anzahl von Aufnahmen im Kasten haben.

Dramatisch: Drama-Shots

Eine coole Funktion ist der Drama-Modus. Hiermit zeichnet das Galaxy S4/S5 ein kurzes Video auf und »erkennt« danach, welches Objekt sich bewegt hat. Lassen Sie eine Person zum Beispiel einfach ein paar Schritte gehen. Nach der Aufnahme wird eine Fotoserie mit einzelnen Bewegungsschritten präsentiert. Dann können Sie in den Miniaturansichten per Häkchen auswählen, welche Bewegungsschritte im Foto zu sehen sein sollen und welche nicht (siehe Abbildung 6.5). Die ausgewählten Sequenzen werden zu einem Gesamtbild zusammengefügt.

Abbildung 6.5: Ein Foto mit einzelnen Bewegungsschritten

Das klingt ein bisschen kompliziert, aber mit etwas Übung und Erfahrung können Sie erstaunliche Ergebnisse erzielen.

Einige Dinge sollten Sie beachten: gutes Licht, dass die Kamera richtig fokussiert und dass Sie die Kamera bei der Aufnahme sehr ruhig halten. Außerdem muss für die Bewegung genügend Raum vorhanden sein (da Sie bei der Aufnahme die Kamera nicht mitbewegen). Damit die einzelnen Fotos korrekt aneinander gerechnet werden können, sollten Sie auch darauf achten, dass der Hintergrund und das Motiv kontrastreich sind.

Von allen Seiten – Die Dualkamera nutzen

Mit der Dualkamera-Funktion des Samsung Galaxy S4/S5 können Sie die Front- und gleichzeitig auslösen. Wenn Sie möchten, können Sie damit also eine Aufnahme von Ihnen an jeder beliebigen Stelle des Motivs platzieren. Das kleine Bild der Frontkamera lässt sich in der Größe anpassen, verschieben und in verschiedenen vordefinierten Formen darstellen. Umgekehrt funktioniert das auch mit der rückwärtigen Kamera. Dann wird das, was die rückwärtige Kamera aufnimmt, als kleines Zusatzbild auf das eigentliche Foto gelegt.

Um die Dualkamera in Gang zu setzen, tippen Sie nach dem Aktivieren der Kamera auf das Symbol mit den zwei Kameras (das zweite von oben). Damit nimmt die Frontkamera Ihr Porträt auf (oder was immer Sie vor diese Kamera halten). Sie sehen dann in der Standardeinstellung eine Art Briefmarke mit Ihrem Konterfei. Zum Verschieben halten Sie die »Briefmarke« mit dem Finger gedrückt und bewegen sie an die gewünschte Stelle. An den Ziehpunkten können Sie die Größe verändern.

Statt einer Briefmarke können Sie auch andere Formen wählen. Dazu tippen Sie auf den Pfeil am linken Rand des Bildschirms. Daraufhin wird eine Reihe weiterer Formen präsentiert, zum Beispiel eine Herzform oder ein Fischauge (siehe Abbildung 6.6).

Sie können von der Front- zur rückwärtigen Kamera wechseln, indem Sie auf das oberste Symbol (die Kamera mit den beiden Pfeilen) tippen. Damit wechseln Sie die Ansicht und die rückwärtige Kamera nimmt das Motiv für die Miniaturform auf. Um die Dualkamera wieder auszuschalten, tippen Sie erneut auf das entsprechende Symbol.

Abbildung 6.6: Die Auswahl an Formen für das Miniaturbild

Screenshots machen

Ein Screenshot ist eine Aufnahme des aktuellen Bildschirms (bei den Bildern in diesem Büchlein handelt es sich also um Screenshots).

Um ein Screenshot zu machen, gibt es sowohl für das S4 als auch für das S5 zwei verschiedene Möglichkeiten.

- ✔ Drücken Sie gleichzeitig kurz den An-Aus-Knopf und die Home-Taste. Sie sehen kurz einen weißen Rahmen aufblitzen und die Meldung IN ZWISCHENABLAGE KOPIERT.
- ✔ Wischen Sie mit der Handkante von rechts nach links oder umgekehrt. Denken Sie daran, dass die Option SCREENSHOT aktiviert sein muss, damit diese Bewegung funktioniert. Sie aktivieren sie auf dem S4 in den EINSTELLUNGEN|BEWEGUNGEN UND GESTEN|BEWEGUNG DER HANDFLÄCHE, auf dem S5 über EINSTELLUNGEN|BEWEGUNG|BEWEGUNGEN UND GESTEN|AUFNEHMEN DURCH WISCHEN MIT DER HAND.

Die Aufnahmen finden Sie im Ordner PICTURES|SCREENSHOTS.

Mit dem Smartphone ins Internet 7

In diesem Kapitel

- ✔ Tipps zum Surfen im Internet
- ✔ Lieblingsseiten festlegen und verwalten
- ✔ *Google Now* nutzen
- ✔ Daten in der Wolke speichern – die *Dropbox*
- ✔ Die mobile Datennutzung verwalten

Das Smartphone ist mittlerweile Ihr Gerät für mobiles Internet. Sie tragen es herum und können sich (fast) jederzeit mit dem Internet verbinden, sei es über ein WLAN, das in der Nähe ist, oder über ein Datenkontingent, das Ihr Vertrag mit dem Provider oder Ihre Prepaid-Karte anbietet. Mit dem Smartphone im Internet zu surfen, ist ein bisschen anders, als Sie es gewohnt sind. Daher lernen Sie in diesem ersten Abschnitt ein paar Tricks kennen.

Geschickt im Internet surfen

Standardmäßig wird, sobald Sie Ihren Browser aufrufen, immer die Seite angezeigt, die Sie zuletzt aufgerufen hatten. Das ist vielleicht manchmal gewollt, aber sicherlich nicht regelmäßig. Legen Sie stattdessen eine feste Startseite fest und wandern Sie dann von dort weiter:

- ✔ Rufen Sie den Browser auf und öffnen Sie über die Sensortaste das Menü. Wählen Sie EINSTELLUNGEN|STARTSEITE FESTLEGEN.

- Im nächsten Fenster tippen Sie auf Andere und legen danach die Adresse der gewünschten Startseite fest. Dann tippen Sie auf OK.
- Sie können auch so vorgehen: Rufen Sie zunächst die Seite auf, die zukünftig die Startseite sein soll. Dann rufen Sie Einstellungen|Startseite festlegen auf und aktivieren die Option Aktuelle Seite.

Lassen Sie sich von unerwünschter Werbung nicht zu sehr nerven. Wie am heimischen PC können Sie Pop-ups blockieren. Gehen Sie über Einstellungen|Inhaltseinstellungen (S4) und setzen Sie ein Häkchen bei der Option Pop-ups blockieren. Inwieweit Pop-ups effektiv blockiert werden, hängt auch von dem Browser ab, den Sie einsetzen. Chrome zum Beispiel gilt als ein Browser, der viele Pop-ups automatisch blockiert. Außerdem gibt es spezielle Apps, zum Beispiel *Adblock Plus*.

Beim Surfen ist nichts praktischer als die Möglichkeit, über Tabs oder neue Fenster unterschiedliche Seiten gleichzeitig aufzurufen. Am PC klicken Sie dazu in den Suchergebnissen die Webadresse mit der rechten Maustaste an und wählen Link in neuem Tab öffnen oder Link in neuem Fenster öffnen. Auch das Galaxy bietet die Möglichkeit, mit der Fenstertechnik zu arbeiten.

- Tippen Sie in den Suchergebnissen etwas länger auf die Seite, die Sie öffnen möchten.
- Daraufhin wird ein Menü eingeblendet, in dem Sie auf In neu. Fenster öff. tippen.

✔ Die Seite wird angezeigt. Rechts neben der aktuellen Adresse sehen Sie ein Symbol mit einer Zahl, die anzeigt, wie viele Seiten geöffnet sind. Tippen Sie auf dieses Symbol, um im Fenster-Manager eine Auflistung aller geöffneten Seiten zu erhalten (siehe Abbildung 7.1).

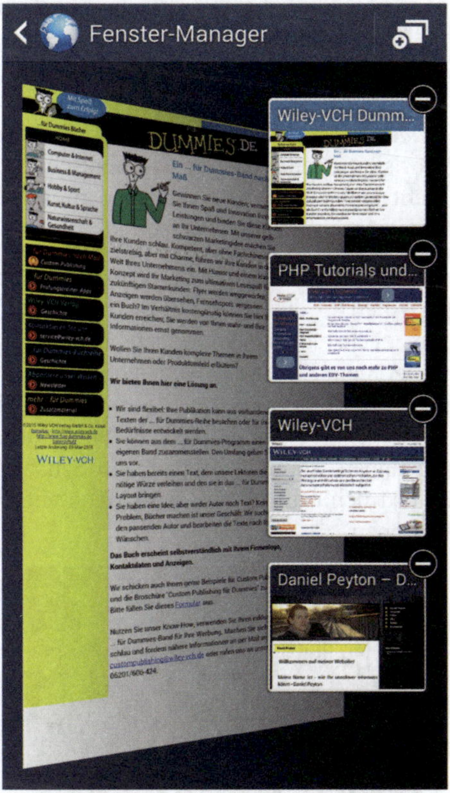

Abbildung 7.1: Die geöffneten Seiten im Fenster-Manager

Durch Antippen der einzelnen Seiten können Sie nun die jeweilige Seite aufrufen. Um eine dieser geöffneten Seiten zu schließen, tippen Sie auf das Minuszeichen an der oberen rechten Ecke der Seitenvorschau.

Um eine Suche in einem neuen Fenster zu starten, öffnen Sie über die Sensortaste das Kontextmenü und tippen auf NEUES FENSTER.

Favoriten anlegen

Auch die *Favoriten* (Lesezeichen) kennen Sie vom Surfen am PC. Favorisierte Seiten lassen sich blitzschnell aufrufen, weil Sie nicht erst die Adresse eingeben müssen, sondern einfach die gewünschte Seite antippen können.

- ✔ Um sich auf Ihrem Galaxy eine Webseite als Favorit abzulegen, rufen Sie die Seite auf und tippen auf das Sternchen. Im nächsten Fenster tippen Sie auf das Pluszeichen neben dem Eintrag FAVORIT HINZUFÜGEN. Sie können nun den Titel ändern, wenn Sie möchten. Tippen Sie dann auf SPEICHERN (Abbildung 7.2). Statt auf das Sternchen zu tippen, können Sie über die Sensortaste auch das Kontextmenü aufrufen und im Menü auf FAVORIT HINZUFÜGEN tippen.

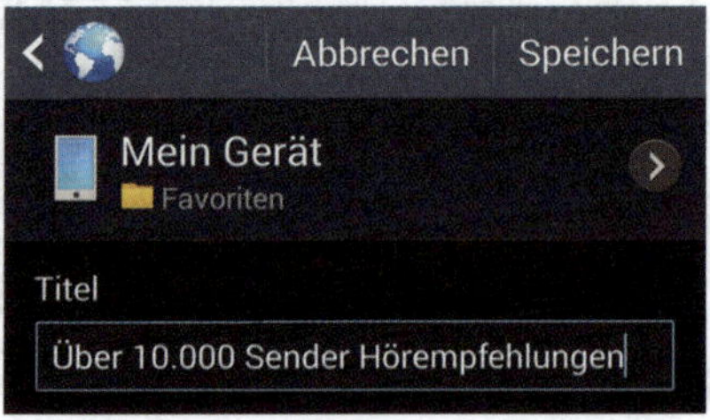

Abbildung 7.2: Favoriten speichern

✔ Um eine als Favorit abgelegte Seite aufzurufen, tippen Sie auf das Sternchen. Wechseln Sie zum Tab FAVORITEN und tippen Sie dann einfach die als Miniatur angezeigte Seite an (siehe Abbildung 7.3).

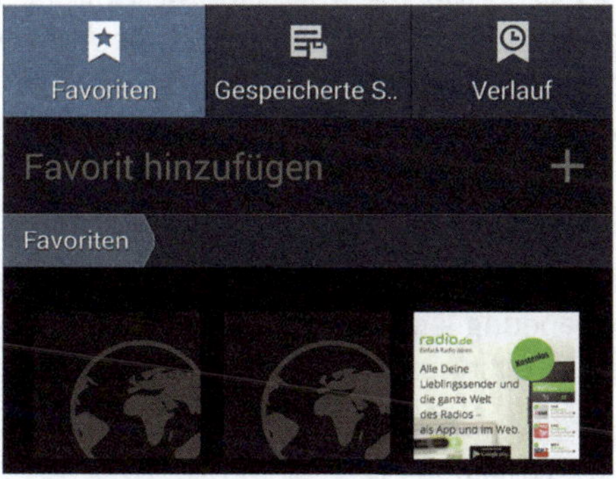

Abbildung 7.3: Favoriten aufrufen

Wenn Sie viele Seiten als Favoriten abgelegt haben, kann die ganze Geschichte unübersichtlich werden, was nicht Sinn der Sache ist. Mit diversen Maßnahmen schaffen Sie Ordnung. Sie können favorisierte Seiten wieder löschen und Ordner für diese Favoriten anlegen. Die entsprechenden Befehle finden Sie im Kontextmenü des Tabs FAVORITEN.

Google Now, Ihr persönlicher Suchassistent

Google Now ist eine Art Suchassistent. Es präsentiert Ihnen allgemeine Informationen wie zum Beispiel das Wetter am Standort, die aktuelle Verkehrslage oder interessante Orte, dargestellt durch entsprechende Karten. Google Now reagiert auf Ihre Suchanfragen, aber es muss Ihre Interessen und Ihr Nutzungsverhalten erst kennenlernen. Wenn Sie häufig nach bestimmten Dingen suchen, wird Google Now nach einer Weile automatisch passende Informationen/Karten liefern, zum Beispiel Sportergebnisse oder das Kinoprogramm. Der Clou: Google Now kann bestimmte Sprachbefehle verstehen und zeigt dann prompt die Antworten oder antwortet ebenfalls per Sprache. Das Ganze wirkt ein bisschen futuristisch, aber was heißt das schon in einer Welt, in der »wearable Computer« auf dem Vormarsch sind!

Der volle Funktionsumfang von Google Now ist bislang nur in den USA nutzbar, auch funktioniert die Anwendung – vor allem die Sprachein- und -ausgabe – vorerst nur in englischer Sprache befriedigend.

Um Google Now nutzen zu können, müssen Sie die Funktion zunächst aktivieren.

- ✔ Öffnen Sie die Google Suche-App, die Sie im Menü aller Apps finden.
- ✔ Tippen Sie im nächsten Fenster auf Suche & Google Now.
- ✔ Sie entdecken dann den Eintrag Google Now. Stellen Sie die Option auf Ein, sofern sie auf Aus steht.
- ✔ Unter Suche im Telefon wählen Sie, auf welche Bereiche Google Now zum Suchen zugreifen darf. Der Abschnitt Sprache führt erneut zu dem Eintrag Sprache. Wenn Sie ihn antippen, erhalten Sie eine Liste, aus der Sie die Standardsprache festlegen können.
- ✔ Über die Option Hotword-Erkennung für »OK Google« aktivieren Sie den Sprachbefehl »OK Google«.

Sobald Sie alle Einstellungen vorgenommen haben, verlassen Sie das Menü und legen das entsprechende Google-Widget (Google Suche) auf den Homescreen, um schnell auf Google Now zugreifen zu können.

Der Bildschirm von Google Now präsentiert sich mit einem Suchfeld und je nach Einstellung mit bestimmten Informationen/Karten. Damit Google Now Ihnen passgenaue Informationen liefert, können Sie festlegen, was Sie interessiert. Dazu scrollen Sie auf dem Google Now-Bildschirm ganz nach unten, bis Sie in der rechten unteren Ecke den Zauberstab sehen. Tippen Sie auf dieses Symbol (siehe Abbildung 7.4), um den Bildschirm GOOGLE NOW ANPASSEN aufzurufen.

Den größten Spaß haben Sie mit Google Now, wenn Sie den Dienst verbal ansprechen. Sofern Sie Ihre Fragen/Kommandos so formulieren, dass Google Now Sie versteht, erhalten Sie prompt eine Antwort. Im Folgenden eine kleine Auflistung von Fragen, die per Spracheingabe funktionieren. Denken Sie daran, zuvor auf das Mikrofonsymbol im Suchfeld zu tippen:

- ✔ Sagen Sie zum Beispiel »spiegel.de« (sprechen Sie den Punkt mit), um die Webseite `www.spiegel.de` im Browser zu öffnen.
- ✔ Sagen Sie »Wetter in Berlin«, um zu erfahren, wie das Wetter in Berlin ist.
- ✔ Sagen Sie »Wie fahre ich zum Brandenburger Tor?« um eine Routenberechnung von Ihrem Standort zum Brandenburger Tor zu erhalten.
- ✔ Sagen Sie »17 plus 34«, um das Ergebnis angesagt zu bekommen.

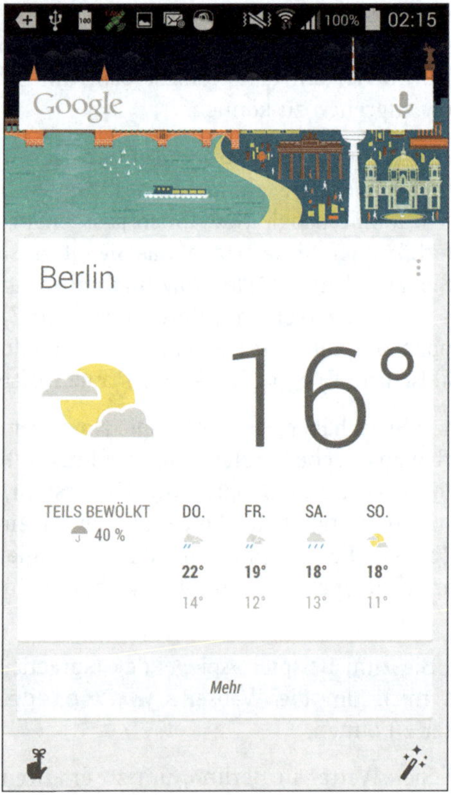

Abbildung 7.4: Der Bildschirm von Google Now mit dem Zauberstab

Für Berechnungen funktionieren auch die Ansagen »Zahl geteilt durch Zahl«, »Zahl mal Zahl« oder »Zahl minus Zahl«.

Die Dropbox nutzen

Dropbox ist eine Internet-Dienstleistung, über die Sie Daten von einem PC oder Smartphone auf einem entfernten Rechnersystem in einer sogenannten »Cloud« speichern können. Das System dient der Online-Datenspeicherung, aber auch dem Austausch von Daten zwischen verschiedenen Personen. Dropbox nutzt für die Cloud die Massenspeicher von Amazon. Dateien, die in der Dropbox liegen, können Sie von jedem ans Internet angeschlossenen Computer/Smartphone abrufen. In der kostenlosen Variante stehen 2 GB Speicher zur Verfügung.

In der Regel finden Sie die Dropbox-App von vornherein auf Ihrem Galaxy. Durchforsten Sie die Seiten des Home-Bildschirms, um das entsprechende Symbol zu entdecken.

Um die Dropbox nutzen zu können, müssen Sie sich registrieren. Erforderlich sind die Eingabe der E-Mail-Adresse und eines Kennworts. Sie können dafür zum Beispiel Ihr Google-Mail-Konto und das entsprechende Kennwort nutzen. Nach der Anmeldung wird automatisch der Startbildschirm der Dropbox angezeigt. Dort liegt ein pdf-Dokument namens »Erste Schritte«, das Sie lesen können, um mehr über die Dropbox zu erfahren.

Um eine Datei, zum Beispiel ein Foto aus der Galerie, in die Dropbox zu laden, öffnen Sie das Foto und tippen dann auf das Symbol TEILEN oder direkt auf das Symbol für die Dropbox, sofern es oben am Bildschirm angezeigt wird. Wenn Sie auf TEILEN tippen, erhalten Sie eine Auswahl an Apps, mit denen Sie das Foto verschicken können, unter anderem DROPBOX.

Sie können aber auch direkt von der Dropbox aus Dateien hochladen. Dazu rufen Sie die App auf und öffnen über die Sensortaste das Kontextmenü. Hier wählen Sie HIER HOCHLADEN (siehe Abbildung 7.5).

Abbildung 7.5: Eine Datei in die Dropbox hochladen

Im nächsten kleinen Fenster entscheiden Sie, ob Sie Fotos oder Videos oder andere Dateien hochladen möchten. Wenn Sie ANDERE DATEIEN wählen, erhalten Sie eine Auflistung vieler Ordner (mit der Option FOTOS ODER VIDEOS wird die Galerie geöffnet). Öffnen Sie nun einfach den Ordner, in dem die Datei liegt, die Sie hochladen möchten und setzen Sie ein Häkchen neben dem Dateinamen (siehe Abbildung 7.6). Tippen Sie zu guter Letzt auf die Schaltfläche HOCHLADEN. Die Datei wird in die Cloud hochgeladen.

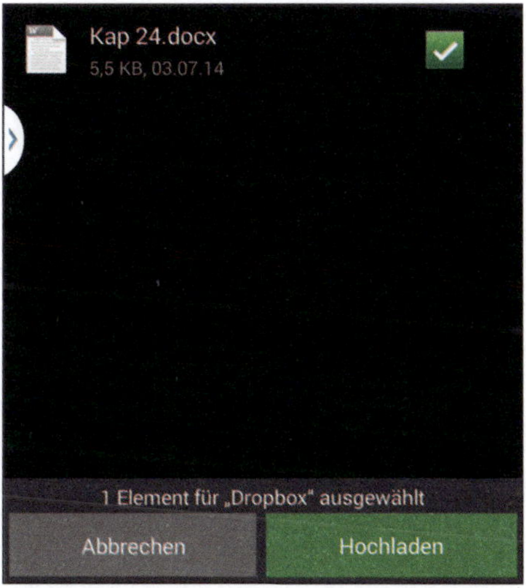

Abbildung 7.6: Die ausgewählte Datei hochladen

Die mobile Datennutzung verwalten

Wenn Sie nicht über ein WLAN mit dem Internet verbunden sind, nutzen Sie für die Verbindung eine mobile Datenverbindung, die je nach Tarif beziehungsweise Vertrag, den Sie mit Ihrem Provider abgeschlossen haben, mit einem unterschiedlichen Datenvolumen ausgestattet ist.

Sie können sich nicht nur Ihre Datennutzung und die Nutzung durch Apps in einem bestimmten Zeitraum anschauen, sondern auch Begrenzungen festlegen. Mit einer solchen Begrenzung vermeiden Sie böse Überraschungen, denn es kann durchaus passieren, dass Ihr Datenvolumen erschöpft ist, und Sie dann kostenpflichtig weiter surfen oder andere

Dinge machen, für die eine Internetverbindung erforderlich ist. Daher ist es sinnvoll, die mobile Datennutzung im Auge zu behalten und sie notfalls zu begrenzen. Diese Möglichkeit bietet der Bildschirm DATENNUTZUNG.

- ✔ Rufen Sie über das Kontextmenü die EINSTELLUNGEN auf und aktivieren Sie den Tab VERBINDUNGEN. Auf dem S5 finden Sie die Option DATENNUTZUNG direkt in den EINSTELLUNGEN.
- ✔ Tippen Sie auf die Option DATENNUTZUNG.

Der Bildschirm DATENNUTZUNG zeigt Ihnen in einem Schaubild – zu sehen in der Abbildung 7.7 – die Datennutzung in einem bestimmten Zeitraum. Diesen Zeitraum können Sie ändern, indem Sie auf den kleinen Pfeil am Eintrag DATENNUTZUNGSZYKLUS tippen. Noch genauer legen Sie den Zeitraum im Schaubild mit den beiden weißen vertikalen Begrenzungslinien fest, die Sie verschieben können. Achten Sie auf die Angabe unterhalb des Schaubilds, hier wird der Zeitraum angezeigt.

Unterhalb des Schaubilds – scrollen Sie also ein bisschen nach unten – werden Apps aufgelistet, die das Internet benutzen. Hier können Sie anhand der Balken und der Angabe in MB oder KB erkennen, wie viele Daten in dem festgelegten Zeitraum von den einzelnen Apps genutzt wurden. Noch mehr Details erhalten Sie, wenn Sie eine App antippen.

Viele Provider bieten keine echte Flatrate, sondern stellen lediglich ein gewisses Datenvolumen zur Verfügung. Sobald Sie dieses Volumen überschreiten, fallen weitere Kosten an. Eine Datenbegrenzung kann Sie vor der Kostenfalle bewahren.

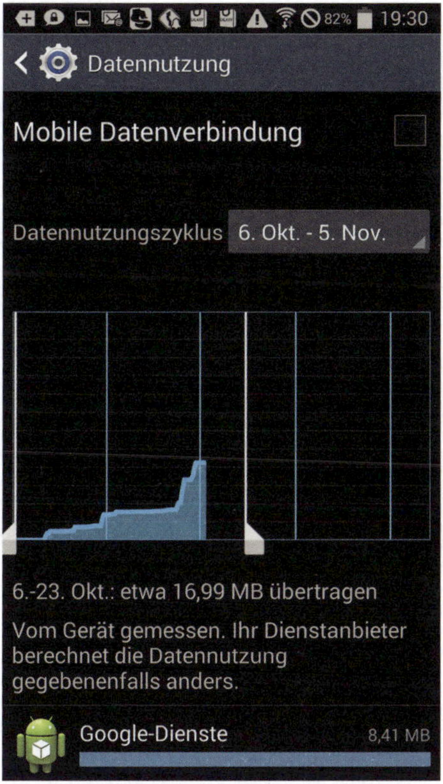

Abbildung 7.7: Die Anzeige des Datennutzungszyklus festlegen

Damit Sie eine Begrenzung festlegen können, aktivieren Sie als Erstes die Option MOBILE DATENVERBINDUNG. Durch die Aktivierung dieser Option taucht dann der Punkt MOBILDATENBEGRENZUNG FESTLEGEN auf; auch dort setzen Sie einen Haken. Daraufhin wird ein Fenster eingeblendet (Abbildung 7.8),

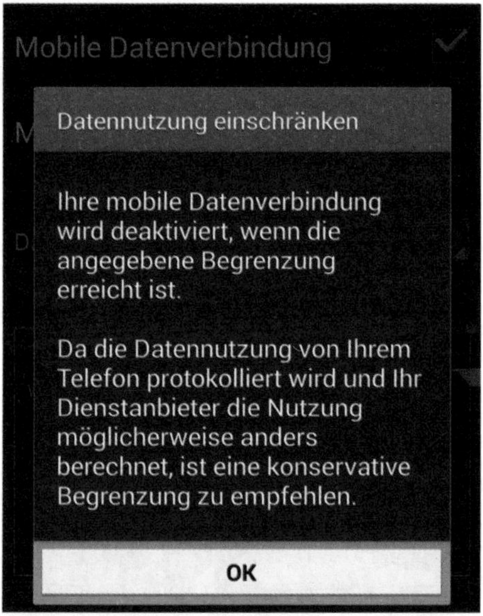

Abbildung 7.8: Hinweis, dass die Datennutzung deaktiviert wird

das darauf hinweist, dass die mobile Datenverbindung deaktiviert wird, wenn die festgelegte Begrenzung erreicht ist.

Das neue Schaubild zeigt Ihnen nun zwei Linien: eine orangefarbene Linie für eine Warnung und eine rote Linie für den Grenzwert. Mit der Warnlinie legen Sie das Datenvolumen fest, das Ihnen noch übrig bleibt bis zum Grenzwert. Die rote Linie repräsentiert den Grenzwert. Wenn diese Grenze erreicht ist, wird die mobile Datenverwendung regelrecht deaktiviert.

Um die Werte festzulegen, tippen Sie die jeweilige Linie an. Sie erhalten dann ein Fenster, in dem Sie das Volumen der gewünschten Datennutzung angeben. Dazu benutzen Sie die Pfeile nach oben oder unten oder Sie tippen den angezeigten Wert direkt an. Dies blendet ein Nummernfeld ein und Sie können den Wert eingeben (siehe Abbildung 7.9).

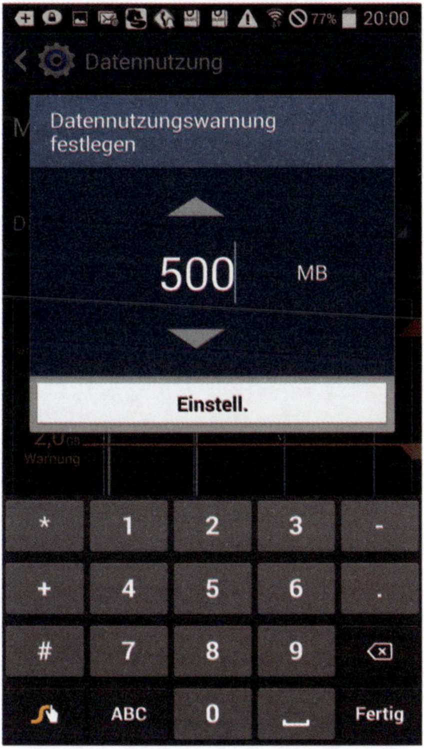

Abbildung 7.9: Hier legen Sie die Datennutzungswarnung fest.

Weitere Optionen erhalten Sie im Kontextmenü des Bildschirms, auf dem S5 über das Overflow-Menü.

Apps ohne Ende 8

In diesem Kapitel

- Samsung-Apps nutzen
- Apps mit dem Anwendungsmanager verwalten
- Apps im Multi-Window-Modus öffnen
- Apps aktualisieren

Apps sind das Herzstück jedes Smartphones, ohne sie wären sie fast nur eine leere Hülle. Im Prinzip brauchen Sie für jede Funktion Ihres Smartphones eine App, für die Kontakte, das Telefonieren, die Kamera und so weiter. Zusätzlich gibt es über den Google Play Store eine Fülle von Apps für jedes Bedürfnis und jede Lebenslage. Neben den Google Apps können Sie als Galaxy-Besitzer auch hauseigene Samsung-Apps auf Ihr Smartphone laden.

Ein Samsung-Konto für die S-Apps

Samsung spendiert den Galaxy-Handys eine Reihe exklusiver Samsung-Apps, darunter *S Voice*, *S Planner* und *S Note*, die über den eigenen Store *Samsung Apps* beziehungsweise *Samsung Galaxy Apps* zu erhalten sind. Die Kalender-App *S Planner* zum Beispiel ist auf dem S4/S5 vorinstalliert, das heißt, diese App steht ohne Weiteres zur Verfügung, für andere Apps brauchen Sie als Erstes ein Samsung-Konto. Das entsprechende Anmeldeformular wird geöffnet, sobald Sie auf eine der S-Apps tippen. Füllen Sie dieses Formular mit den notwendigen Angaben aus und registrieren Sie das Konto.

Mit Ihrem Samsung-Konto können Sie die auf Ihrem Gerät vorhandenen Samsung-Apps aufrufen und nutzen oder weitere Apps im Galaxy Apps Store erwerben. Der Store untergliedert sich in die drei Rubriken EMPFOHLEN, FOR GALAXY und TOP. In der Kategorie FOR GALAXY werden die GALAXY ESSENTIALS und GALAXY SPECIALS angeboten, viele Apps, die es für Sie als Galaxy-Besitzer kostenlos gibt.

Apps mit dem Anwendungsmanager verwalten

Der *Anwendungsmanager* ist der Ort zum Verwalten Ihrer Apps. Hier sehen Sie, welche Apps Sie installiert haben und welche ausgeführt werden und hier deaktivieren oder stoppen Sie Apps.

Sie rufen den Anwendungsmanager über EINSTELLUNGEN|OPTIONEN auf (siehe Abbildung 8.1). Auf dem S5 navigieren Sie über EINSTELLUNGEN|ANWENDUNGEN zum ANWENDUNGSMANAGER.

Oben am Bildschirm ändert sich die Anzeige. Sie finden hier die Tabs INSTALLIERTE APPS, AUSFÜHRUNG, ALLE und DEAKTIVIERT.

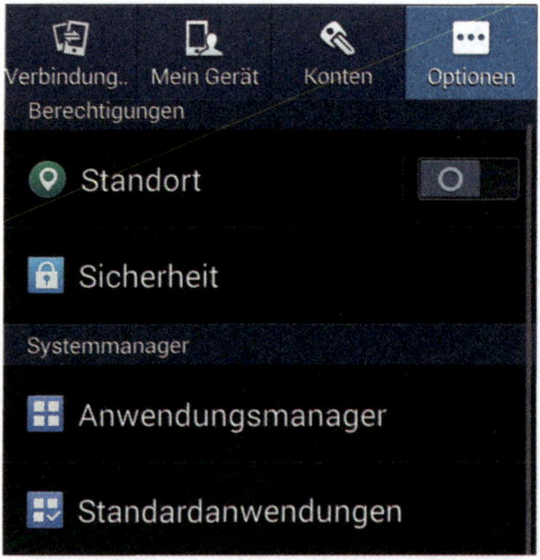

Abbildung 8.1: Den Anwendungsmanager aufrufen

Wischen Sie einfach mit dem Finger nach rechts oder links, um die unterschiedlichen Listen zu sehen.

- ✔ Um die Ausführung einer App zu stoppen, tippen Sie die entsprechende App in der Liste AUSFÜHRUNG an.
- ✔ Sie erhalten dann das Fenster AKTIVE APP mit der Schaltfläche STOPP. Tippen Sie auf diese Schaltfläche (siehe Abbildung 8.2).

Keine Bange, Sie entfernen damit die App nicht, nur die Ausführung des Dienstes wird gestoppt, sodass beispielsweise keine Updates im Hintergrund geladen werden. Sobald Sie die App im App-Menü wieder aufrufen, wird die Ausführung wieder gestartet.

Wenn Sie eine App regelrecht deinstallieren möchten, tippen Sie auf dem Tab INSTALLIERT auf die entsprechende App und dann auf die Schaltfläche DEINSTALLIEREN. Allerdings lassen sich nicht alle Apps deinstallieren; dazu gehören zum Beispiel solche Apps, die Teil des Betriebssystems sind, oder einige der Samsung-Apps. Stattdessen erhalten Sie dann die Schaltfläche AKTUALISIERUNGEN DEINSTALLIEREN; damit werden lediglich alle Updates deinstalliert.

Das Fenster APP-INFO bietet eine Reihe von Funktionen zum Umgang mit der App. Sie können auch hier die Ausführung stoppen (STOPP ERZWINGEN), sie deinstallieren, Daten löschen und/oder den Cache leeren. Mit der Option DATEN LÖSCHEN werden alle Einstellungen, Dateien und so weiter gelöscht, die App wird sozusagen auf die Standardinstallation zurückgesetzt. Der Cache wird automatisch gelöscht, wenn Sie den Befehl DATEN LÖSCHEN wählen.

Wenn Sie den Bildschirm nach unten wischen, erhalten Sie zu vielen Apps auch Informationen über die Berechtigun-

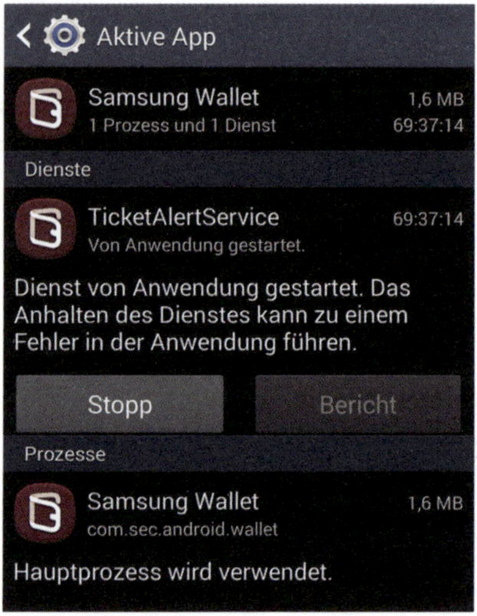

Abbildung 8.2: Aktive Apps stoppen

gen, also darüber, auf welche Anwendungen die App zugreifen darf.

Sie können Apps auch auf einem sehr einfachen Weg deinstallieren. Dazu rufen Sie das App-Menü auf und öffnen über die Sensortaste das Kontextmenü. Im Menü tippen Sie auf den Befehl APPS DEINSTALLIEREN/DEAKTIVIEREN. Sie erhalten dann ein Fenster, in dem die Apps, die sich deinstallieren lassen, ein kleines Minuszeichen in der oberen rechten Ecke des App-Icons haben.

Wenn Sie auf ein solches Minuszeichen tippen, werden Sie gefragt, ob die App deinstalliert werden soll. Tippen Sie hier dann auf OK.

71% 16:49
Apps deinstallieren/deaktivieren
Aldiko
cewe smartphoto
Chrome
DIC-o Spanisch...
Diktiergerät
Docs To Go
Downloads
Dropbox
E-Mail
Earth
Eigene Dateien
Einstellungen
Facebook
Fake GPS
Flipboard
Fotos
GALAXY Apps
Galerie
Gmail
Google

Das Galaxy S5 bietet auch die Möglichkeit, Apps, die nicht zu deinstallieren sind, einfach auszublenden. Die Option finden Sie in den Einstellungen. Hier tippen Sie auf den Punkt Apps ausblenden. Aus dem folgenden Menü wählen Sie dann die Apps aus, die Sie ausblenden möchten. Zum erneuten Einblenden tippen Sie auf den Punkt Verborgene Apps anzeigen.

Apps im Multi-Window-Modus

Von uns wird in vielen Situationen erwartet, dass wir Multi-Tasking beherrschen, also in der Lage sind, mehrere Dinge gleichzeitig zu erledigen. Ihr Smartphone kann mit dieser Fähigkeit mithalten: Im Multi-Window-Modus können Sie mehrere Anwendungen oder zum Beispiel Webseiten gleichzeitig geöffnet haben und problemlos zwischen diesen Seiten hin und her wechseln.

Zunächst müssen Sie diesen Modus aktivieren. Sie finden die Option Multi-Window in der Schnellleiste. Wischen Sie mit dem Finger die Leiste nach unten und scrollen Sie nach rechts, bis Sie das Feature entdecken. Tippen Sie es an, sofern es nicht aktiviert ist. Auf dem S5 scrollen Sie in den Einstellungen direkt nach unten zum Punkt Multi-Window.

Nach der Aktivierung sehen Sie links am Bildschirmrand einen Tab mit einem Pfeil (Abbildung 8.3). Diesen Tab wischen Sie nach rechts.

Sie erhalten dann eine Leiste, die vorab mit diversen Apps belegt ist (siehe Abbildung 8.4). Zwei dieser Apps können Sie gemeinsam öffnen.

Abbildung 8.3: Der Pfeil für das Multi-Window-Fenster

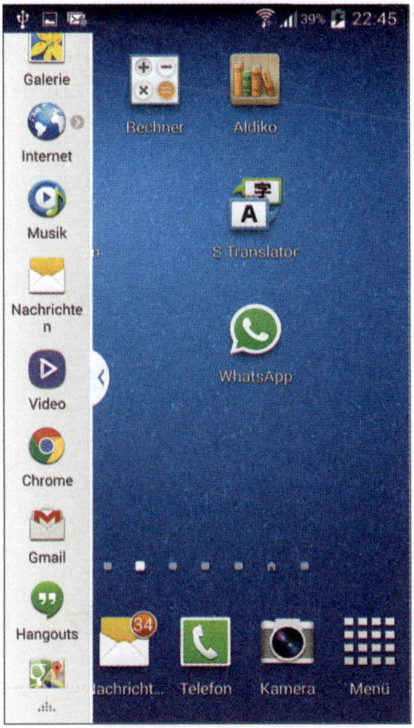

Abbildung 8.4: Die Leiste mit den Apps

Dabei wird das Display in zwei Bereiche aufgeteilt. So kann im oberen Bildschirmbereich die eine App und im unteren die andere App ausgeführt werden. Aktiv ist jeweils die App, die Sie im Display antippen, zu erkennen an einem blauen Rahmen.

Die Leiste mit den Apps können Sie bearbeiten, zum Beispiel andere Apps hinzufügen oder Apps aus der Leiste entfernen. Ganz unten in der Leiste sehen Sie ein kleines Symbol. Mit diesem Symbol öffnen Sie ein Menü, in dem Sie unter anderem das Symbol Bearbeiten (den Stift) entdecken (siehe Abbildung 8.5). Tippen Sie auf dieses Symbol, um eine Sammlung mit weiteren Apps aufzurufen.

Aus dieser Sammlung können Sie Apps in die Multi-Window-Leiste oder umgekehrt, Apps, die bereits auf der Leiste liegen,

Abbildung 8.5: Das Menü der Multi-Window-Leiste

in die Sammlung ziehen. Eine solche Aktion bestätigen Sie mit OK links unten in dem kleinen Bearbeitungsmenü.

Wenn Sie sich wundern, wieso nicht alle Apps in der Sammlung angezeigt werden, liegt das daran, dass nicht alle Apps den Multi-Window-Modus unterstützen. Es werden also nur Apps angezeigt, die im Multi-Window-Modus ausgeführt werden können.

Apps aktualisieren

Apps werden in der Regel automatisch durch die Updates aktualisiert, aber mitunter müssen Sie sich selbst darum kümmern, zum Beispiel wenn Sie in den Einstellungen im Google Play Store keine automatischen App-Updates zulassen. Sie überprüfen die entsprechende Einstellung, indem Sie im Play Store auf die drei kleinen Striche oben links tippen, um das Optionsmenü zu öffnen.

- ✔ Im Menü wählen Sie EINSTELLUNGEN. Dann tippen Sie auf AUTOMATISCHE APP-UPDATES.
- ✔ Im Menü können Sie Ihre Entscheidung treffen. Wenn Sie automatische Updates zulassen möchten, ist es sinnvoll, die App-Updates nur über WLAN zuzulassen, da dann keine Kosten für die Datenübertragung anfallen.

Wenn Sie mit der Einstellung KEINE AUTOMATISCHEN APP-UPDATES ZULASSEN Updates verpasst haben, rufen Sie das Optionsmenü auf und wählen MEINE APPS (siehe Abbildung 8.6).

Sie erhalten dann eine Liste aller Apps, die Updates benötigen. Hier können Sie auf die Schaltfläche ALLE AKTUALISIEREN tippen oder selektiv entscheiden, welche App aktualisiert werden soll und neben der App auf AKTUALISIEREN tippen.

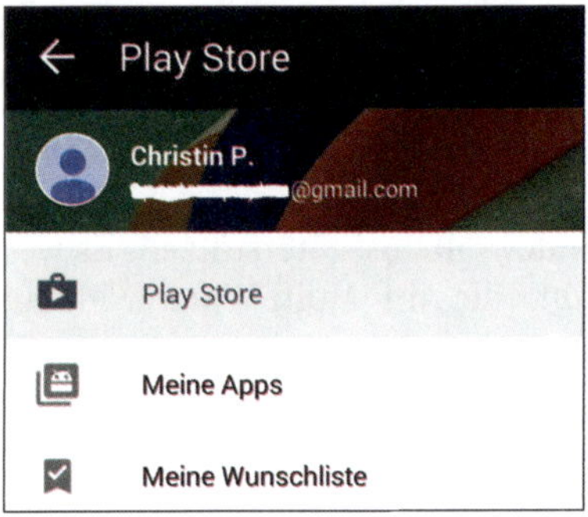

Abbildung 8.6: Tippen Sie auf »Meine Apps«

Eine App stürzt ab – was nun?

Wenn eine App Probleme verursacht und/oder nicht ordnungsgemäß funktioniert, ist das nicht das Ende der Welt! Sie können mit verschiedenen Methoden versuchen, das Problem zu bereinigen.

Rufen Sie – wie oben beschrieben – den Anwendungsmanager auf, tippen Sie in der Liste der installierten Apps die entsprechende App an und wählen Sie DATEN LÖSCHEN. Unter Umständen funktioniert die App danach wieder. Falls Sie die App gar nicht benutzen, können Sie sie auch deaktivieren. Auch dies machen Sie im Anwendungsmanager. Im Fenster APP-INFO tippen Sie auf DEAKTIVIEREN.

Allerdings gibt es die Option DEAKTIVIEREN nicht für alle Apps. Falls dies der Fall ist, Sie aber nach wie vor Probleme mit der App haben, bleibt nur eine Deinstallation und erneute Installation. Am schnellsten geht das mit dem Befehl APPS DEINSTALLIEREN/DEAKTIVIEREN, den Sie im Kontextmenü des App-Menüs finden (siehe oben).

Sichern und synchronisieren Sie Ihr Samsung Galaxy

9

In diesem Kapitel

- ✔ Unterschiedliche Sperrbildschirme einrichten
- ✔ Die PIN der SIM-Karte ändern
- ✔ Einen Virenscanner installieren
- ✔ Anti-Diebstahl-Sicherung mit Avira
- ✔ Daten sichern mit dem Google-Konto
- ✔ Daten sichern mit Kies
- ✔ Das Gerät auf die Werkeinstellung zurücksetzen

Trotz aller Hiobsbotschaften über Datenspionage und gehackte Daten gehen viele User recht leichtfertig mit ihren Handys um und kümmern sich teilweise gar nicht um ein paar Sicherheitsstandards. Dabei sind Smartphones mittlerweile ja Mini-Computer im Hosentaschenformat, auf denen eine große Menge persönlicher Daten gespeichert sind, die von Dritten für Spam und Betrug missbraucht werden können. Sie sind also gut beraten, gewisse Sicherheitsvorkehrungen zu treffen.

Den Sperrbildschirm einrichten

Smartphones können schnell in falsche Hände geraten – Sie verlieren es, lassen es irgendwo liegen oder es wird Ihnen geklaut. Wenn der Sperrbildschirm einfach durch Wischen zu entsperren ist, hat jeder Unbefugte leichtes Spiel. Daher sollte Ihr erster Schritt zu mehr Sicherheit ein vernünftiger Sperrbildschirm sein.

- Öffnen Sie die Einstellungen und aktivieren Sie den Tab MEIN GERÄT. Auf dem Galaxy S5 finden Sie die gesuchte Funktion direkt in den Einstellungen.
- Tippen Sie auf SPERRBILDSCHIRM|SPERRBILDSCHIRM

Im nächsten Fenster werden Ihnen eine Reihe möglicher Sperrbildschirmtypen angeboten.

- **Streichen**: Sie entsperren das Smartphone, indem Sie mit dem Finger über den Bildschirm streichen.
- **Gesichtserkennung**: Um die Gesichtserkennung einzurichten, sollten Sie sich an einem Ort mit ausgewogener Beleuchtung befinden. Tippen Sie die Option an, dann – nach der Warnung, diese Art der Entsperrung nicht beim Autofahren zu nutzen – auf EINRICHTEN und erneut auf WEITER. Sie erhalten dann einen Bildschirm mit einem Oval, in das Sie Ihr Gesicht halten. Sobald Ihr Gesicht erkannt wurde, erscheint ein Häkchen in dem Oval (siehe Abbildung 9.1). Bestätigen Sie die Einrichtung mit WEITER.

Zum Entsperren des Bildschirms müssen Sie nun immer Ihr Gesicht vor das Display halten.

Die Gesichtserkennung ist zwar ganz bequem, gilt aber nicht als sehr sicher und hat natürlich den Nachteil, dass Sie zum Entsperren immer gute Lichtverhältnisse brauchen, damit Ihr Gesicht erkannt wird.

Gesicht und Stimme: Die Einrichtung der Entsperrung GESICHT UND STIMME funktioniert ähnlich wie die Einrichtung GESICHTSERKENNUNG. Nachdem Ihr Gesicht erkannt wurde, müssen Sie zusätzlich Ihre Stimme verifizieren. Dazu aktivieren Sie auf dem entsprechenden Bildschirm das Mikrofon

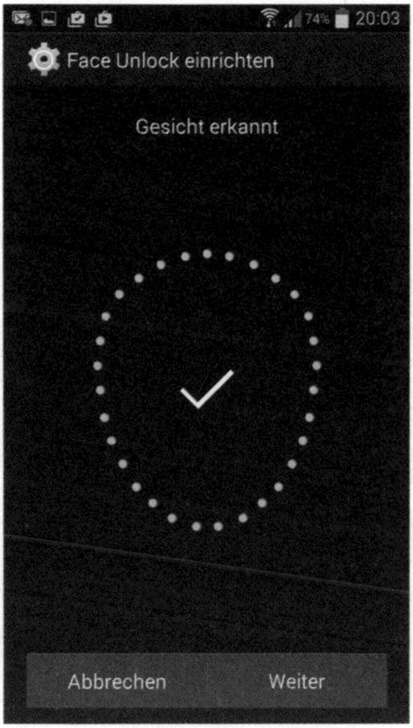

Abbildung 9.1: Die Gesichtserkennung einrichten

und geben viermal einen Weckbefehl ein, der aus kurzen Wörtern bestehen sollte. Sie können zum Beispiel sagen: »Wach auf« oder »Geh an« oder Ähnliches. Auf dem Bildschirm wird Ihnen angezeigt, ob die Eingabe des Befehls erkannt wurde. Nachdem er viermal erkannt wurde, erscheint die Schaltfläche FERTIG, mit dem Sie die Einstellung bestätigen.

Zum Entsperren des Handys müssen Sie dann Ihr Gesicht vor den Bildschirm halten und den Weckbefehl viermal wiederholen. In der Praxis scheint dieser recht umständliche Weg der Entsperrung wenig praktikabel, zumal die Sicherheit trotzdem als niedrig eingestuft wird.

Muster: Um ein Muster festzulegen, ziehen Sie mit dem Finger in einer bestimmten Reihenfolge über die neun Punkte (Abbildung 9.2). Damit legen Sie ein Muster fest, mit dem Sie in der Zukunft den Sperrbildschirm entsperren. Sie müssen sich dieses Muster gut merken.

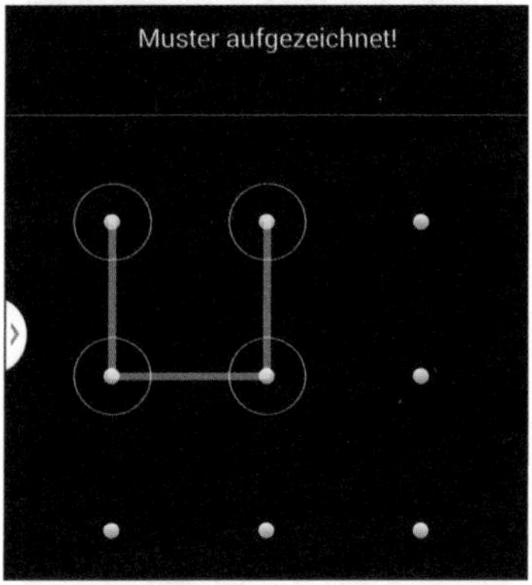

Abbildung 9.2: Ein Muster festlegen

PIN: Mit dieser Option legen Sie zunächst eine PIN fest. Tippen Sie die PIN (also eine Zahlenfolge aus vier Zahlen) in das Feld PIN AUSWÄHLEN und bestätigen Sie die Eingabe mit FERTIG. Zum Entsperren müssen Sie diese PIN dann eingeben.

Passwort: Als Passwort können Sie eine Kombination von Buchstaben, Zahlen und Zeichen eingeben. Manche Zeichen werden nicht akzeptiert; wenn Sie ein solches Zeichen eingeben, erhalten Sie einen entsprechenden Hinweis. Sie entsperren Ihr Smartphone, indem Sie das Passwort eingeben.

Keine: Das Smartphone hat gar keine Bildschirmsperre, nicht einmal das bekannte Streichen.

Die Sperren werden nicht aktiv, wenn Sie einen Anruf beantworten. Allerdings müssen Sie das Smartphone entsperren, wenn Sie während des Gesprächs andere Funktionen nutzen möchten.

Die PIN der SIM-Karte ändern

Vielleicht können Sie sich die mitgelieferte PIN Ihrer SIM-Karte einfach nicht merken oder Sie möchten sie aus Sicherheitsgründen ändern. Das ist mit dem Galaxy S4 und S5 kein Problem, Sie müssen nicht Ihren Provider bemühen.

- ✔ Rufen Sie die Einstellungen auf und wechseln Sie zum Tab OPTIONEN. Dann tippen Sie auf SICHERHEIT|SIM-PIN OPTIONEN und danach auf SIM-PIN ÄNDERN. Auf dem Galaxy S5 finden Sie den Punkt SICHERHEIT direkt in den Einstellungen.
- ✔ Danach müssen Sie die alte PIN eingeben und die Eingabe mit OK bestätigen.

Falls Sie diese Option nicht entdecken, müssen Sie zunächst ein Häkchen bei der SIM-Karten-Sperrfunktion setzen, also neben der Option SIM-KARTEN PIN.

Nach der Eingabe der alten PIN geben Sie die neue, von Ihnen gewählte PIN ein. Denken Sie daran, dass eine PIN immer aus vier Zahlen besteht. Danach müssen Sie zur Sicherheit die neue PIN wiederholen. Fertig.

Mehr Sicherheit mit Virenscanner

Auf Ihrem PC oder Laptop haben Sie selbstverständlich einen Virenscanner installiert. Dass auch ein Smartphone mit einem Virenscanner bestückt sein sollte, hat sich noch nicht allgemein herumgesprochen. Holen Sie das am besten schnell nach. Ich empfehle Ihnen zum Beispiel die Antivirus-App von *Avira*.

- Öffnen Sie den Play Store und suchen Sie nach `Avira Antivirus`. Wählen Sie aus der Liste der Apps *Avira Antivirus Security*. Diese App wird kostenlos angeboten.
- Im nächsten Fenster tippen Sie auf INSTALLIEREN.
- Sie müssen dann die Nutzungsbedingungen akzeptieren und danach startet die Installation. Nach der Installation wird automatisch ein Suchlauf gestartet, der ein wenig dauert.

Avira Antivirus scannt Ihr Smartphone während jeder Installation einer nicht zum System gehörenden App automatisch. Der Status einer Überprüfung wird dann direkt angezeigt. Einen regelmäßigen Scan-Rhythmus können Sie nicht einstellen. Falls ein Virus entdeckt wird, öffnet sich der integrierte App-Assistent und unterstützt Sie beim Löschen der »Malware«.

Um eine Überprüfung des Smartphones manuell anzustoßen, öffnen Sie die App. Dann tippen Sie auf ANTIVIRUS und im nächsten Fenster auf SCAN. Danach beginnt die Überprüfung Ihres Smartphones (siehe Abbildung 9.3). Je nach Benutzung des Smartphones sollten Sie eine solche Überprüfung in regelmäßigen Abständen durchführen, beispielsweise einmal in der Woche.

Um Viren und Probleme zu vermeiden, sollten Sie wie bei der Arbeit am PC unbekannte E-Mail-Anhänge nicht öffnen, Apps aus verlässlichen Quellen wie dem Google Play Store beziehen, und beim Surfen auf die Seiten achten, die Sie aufrufen.

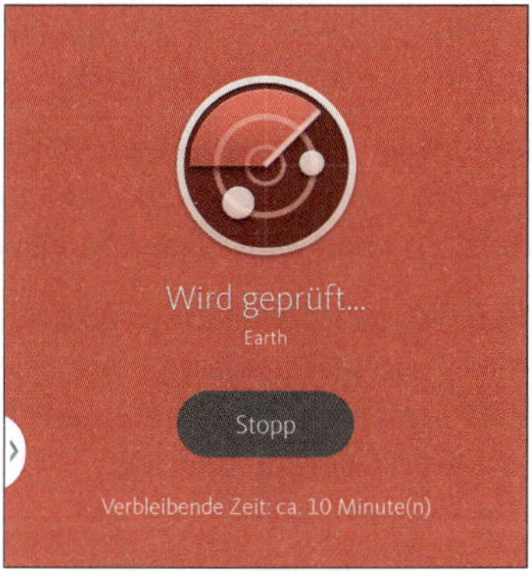

Abbildung 9.3: Avira scannt Ihr Smartphone.

Bei Verlust: Anti-Diebstahl

Avira bietet auch eine Funktion, die sich *Anti-Diebstahl* nennt. Hiermit wird Ihr Handy über GPS geortet, wenn es sich einmal von Ihnen entfernt haben sollte. Um diese Funktion nutzen zu können, müssen Sie als Erstes den Geräteadministrator aktivieren.

- ✔ Tippen Sie auf dem Hauptbildschirm von Avira auf die drei Striche oben links am Bildschirm, um das Optionsmenü zu öffnen. Im Menü wählen Sie EINSTELLUNGEN.
- ✔ Dann tippen Sie auf den Punkt GERÄTEADMINISTRATOR und im nächsten Menü auf AKTIVIEREN|OK.
- ✔ Im nächsten Bildschirm werden Ihnen die Vorgänge, die Avira durchführt, erklärt. Hier tippen Sie erneut auf AKTIVIEREN.
- ✔ Zurück im Hauptmenü tippen Sie auf ANTI-DIEBSTAHL.

- Danach müssen Sie sich bei Avira mit einer E-Mail-Adresse und einem Passwort registrieren.

Um die Funktion tatsächlich einzusetzen, rufen Sie an Ihrem PC die Seite `www.my.avira.com` auf und loggen sich auf dieser Seite mit Ihren eben erstellten Anmeldedaten ein.

Um nun zu sehen, wo sich Ihr Handy rumtreibt, klicken Sie auf ANTI-DIEBSTAHL (siehe Abbildung 9.4). Sodann erhalten Sie eine Landkarte mit einem pulsierenden Punkt, der anzeigt, wo sich Ihr Gerät gerade befindet.

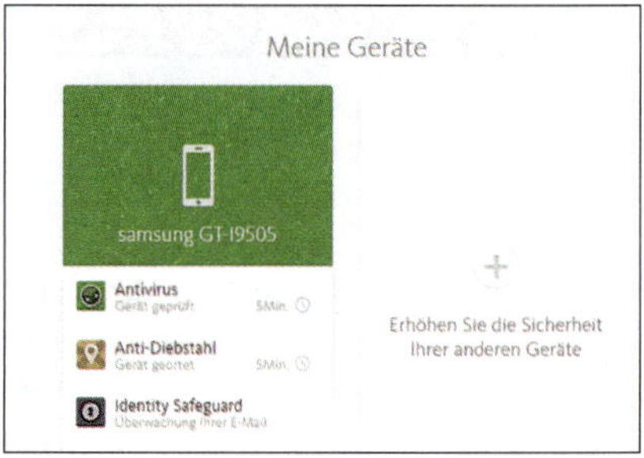

Abbildung 9.4: Klicken Sie hier auf »Anti-Diebstahl«.

Wenn Sie Ihr Galaxy nicht verloren, aber verlegt haben, kann ein Signalton eine echte Hilfe sein. Sie starten den Signalton einfach von Ihrem PC aus. Tippen Sie auf der Avira-Seite auf ANTI-DIEBSTAHL und dann im rechten Bereich der nächsten Seite auf TON ABSPIELEN.

Ihr Smartphone spielt nun 20 Sekunden lang einen schrillen Ton ab, selbst wenn es auf lautlos gestellt ist. Das Handy muss allerdings eingeschaltet sein. Wenn es ausgeschaltet ist, wird der Ton beim nächsten Einschalten abgespielt. Das kann unter Umständen sehr unpassend sein!

Daten mit dem Google-Konto oder mit Kies sichern

Zum Sichern all Ihrer Daten auf dem Galaxy und zum Austausch von Daten zwischen PC/Laptop und Smartphone nutzen Sie am besten das hauseigene Synchronisationsprogramm *Kies*. Dieses können Sie sich kostenlos auf Ihren PC downloaden und installieren.

- ✔ Nach der Installation rufen Sie Kies auf und verbinden Ihr Smartphone mit Ihrem PC/Laptop.
- ✔ Wechseln Sie auf die Registerkarte SICHERN/WIEDERHERSTELLEN.
- ✔ Wählen Sie dann aus, was Sie sichern möchten, indem Sie Häkchen setzen beziehungsweise deaktivieren.
- ✔ Nach der Auswahl tippen Sie auf die Schaltfläche SICHERUNGSKOPIE oben am Bildschirm (siehe Abbildung 9.5).

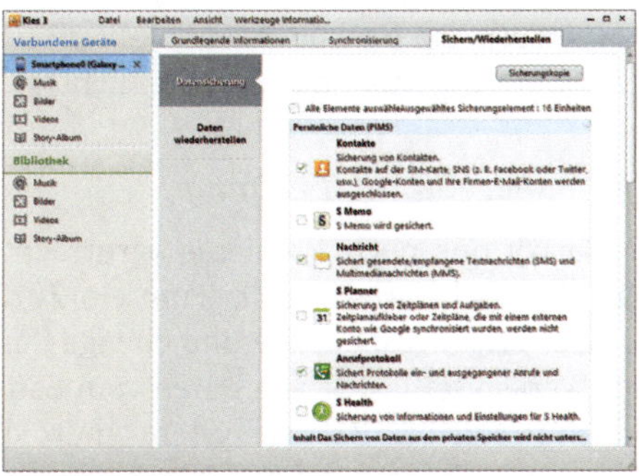

Abbildung 9.5: Wählen Sie die Daten aus, die gesichert werden sollen.

Nun beginnt die Sicherung; je nach Datenmenge kann das ein bisschen dauern. Nach der erfolgreichen Sicherung entdecken Sie die Backup-Dateien unter C:\USER\DOKUMENTE\

SAMSUNG\KIES und hier in den entsprechenden Verzeichnissen. Zum Wiederherstellen der Daten im Fall der Fälle nutzen Sie auch Kies. Sie tippen hier dann auf die Schaltfläche DATEN WIEDERHERSTELLEN.

Da Sie ein Smartphone besitzen, das als Betriebssystem Android nutzt, haben Sie auf jeden Fall auch ein Google-Konto aktiviert. Auch hierüber können Daten gesichert werden.

Die entsprechende Option aktivieren beziehungsweise überprüfen Sie auf folgendem Weg:

- ✔ Rufen Sie die Einstellungen auf und wechseln Sie auf den Tab KONTEN. Hier tippen Sie auf SICHERN UND ZURÜCKSETZEN. Auf dem Galaxy S5 finden Sie diese Option direkt in den Einstellungen.
- ✔ Im nächsten Fenster haken Sie die Option MEINE DATEN SICHERN an, sofern dort kein Häkchen gesetzt ist. Dadurch wird regelmäßig ein Backup erzeugt. Mit diesem Backup können Sie Ihr Smartphone auch wieder herstellen.

Im Fall der Fälle: Alles auf Anfang

Wenn Ihr Galaxy nur noch Probleme verursacht und gar nicht mehr das macht, was es soll, kann ein Zurücksetzen auf die Werkseinstellung die letzte und einzige Lösung sein. Ein solcher Werksreset löscht alle Daten vom Samsung Galaxy S4/S5 und setzt das Betriebssystem Android neu auf. Zuvor ist es – auf einem der im vorherigen Abschnitt beschriebenen Wege – unbedingt notwendig, ein Backup der persönlichen Daten zu erstellen, damit die Daten wiederhergestellt werden können.

Mitunter hilft auch ein sogenannter »Soft Reset«, der wieder Platz auf dem Gerät schafft. Um den »Soft Reset« durchzuführen, halten Sie den Power-Knopf des Samsung Galaxy so lange gedrückt, bis das Smartphone sich abschaltet. Sollte das nicht weiterhelfen, gibt es noch eine weitere Methode: Schalten Sie das Gerät auf gewohntem Weg aus und wählen Sie im Menüfenster Ausschalten. Dann entfernen Sie die rückseitige Abdeckung des Smartphones und entnehmen den Akku für ein paar Minuten. Anschließend setzen Sie den Akku wieder ein und starten das Handy.

- ✔ Wenn Sie sich dazu entschließen, einen Reset durchzuführen, aktivieren Sie in den Einstellungen den Tab Konten. Hier wählen Sie Sichern und zurücksetzen.

  Auf dem gleichnamigen Bildschirm entdecken Sie die Option Auf Werkseinstellungen zurücksetzen (siehe Abbildung 9.6).

- ✔ Auf dem nächsten Bildschirm werden Sie nochmals darüber informiert, dass alle Daten gelöscht werden. Um die Aktion fortzusetzen, tippen Sie nun auf Gerät zurücksetzen.

Nach einem erfolgreichen »Hard Reset« befindet sich Ihr Smartphone im jungfräulichen Auslieferungszustand.

Denken Sie daran, ein Häkchen neben Meine Daten sichern zu setzen, um Anwendungsdaten, WLAN-Passwörter und andere Einstellungen auf dem Google-Server zu sichern.

Falls auch das Display nicht mehr mitspielt und Sie gar nicht an die Option Auf Werkseinstellungen zurücksetzen rankommen, können Sie einen anderen Weg wählen.

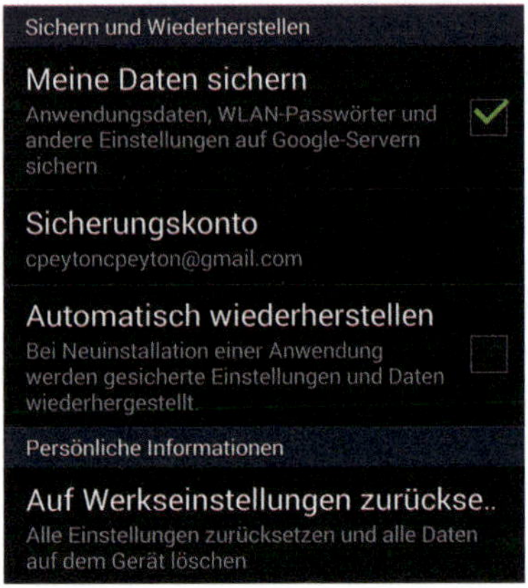

Abbildung 9.6: Das Gerät auf die Werkseinstellung zurücksetzen

- Schalten Sie als Erstes das Samsung Galaxy S4/S5 komplett aus. Dazu drücken Sie die Ein/Aus-Taste einen Moment und wählen im Menü AUSSCHALTEN.
- Nun müssen Sie eine Tastenkombination drücken, die auch als Klammergriff bezeichnet wird: Halten Sie den Lautstärkeregler, den Power-Knopf und die Home-Taste gleichzeitig gedrückt, bis das Samsung-Logo erscheint. Nun startet das Smartphone im sogenannten Recovery-Modus.
- Danach erscheint ein Menü, in dem Sie durch Drücken der Leiser/Lauter-Taste zum Eintrag WIPE DATE/ FACTORY RESET navigieren. Bestätigen Sie die Auswahl mittels der Ein/Aus-Taste.
- Bestätigen Sie mit YES die Option DELETE ALL USER DATA. Nun werden alle privaten Daten komplett gelöscht, also ein »Hard Reset« durchgeführt.

Stichwortverzeichnis

A

B

C

D